楽しさ いっぱい！

かんたん
プチシアター

ポット編集部／編

チャイルド本社

CONTENTS

本書の特長 ………… 4

お誕生会シアター

めくり絵シアター	お誕生日おめでとう	6
カードシアター	コケコッコママからのおめでとう！	9
靴下シアター	やぎさんのお誕生会	12
マジックシアター	不思議なバースデーペーパー	16
マジックシアター	消えるボトル	18
マジックシアター	波を切る!?	21
マジックシアター	魔法の水	24

当てっこシアター

クリアファイルシアター	だ〜れだ？	28
ハンカチシアター	お客様はだあれ？	31
絵遊びシアター	この丸、なんの丸？	34
洗濯ばさみシアター	誰かな、誰かな？	38
新聞紙シアター	このスポーツな〜んだ？	41
靴下シアター	たぬきちゃんの変身ペッポコポン！	44

歌のシアター

カラー手袋シアター	♪たまごのうた	48
靴下・手袋シアター	♪かたつむり	50
紙袋シアター	♪ぞうさん	52
フェルトシアター	♪ふしぎなポケット	54
紙コップシアター	♪こぶたぬきつねこ	57
封筒シアター	♪あがりめ さがりめ	60
スポンジシアター	♪ぞうさんのぼうし	63

食べるの大好きシアター

タオルハンカチシアター	サンドイッチ作りましょ！	66
うちわシアター	フライパンでなにができるかな？	69
ハンカチシアター	おいしいハンカチ	72
カラータイツシアター	はらぺこへびくん	75
帽子シアター	オムレツ作ろうよ！	78
紙パックシアター	パクパクパックン	82

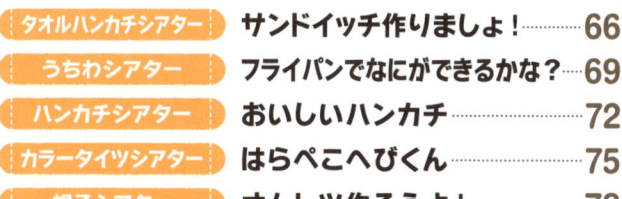

お話のシアター

カラー手袋シアター	春のうきうきお散歩	86
カラー手袋シアター	うさぎさんの大好きなもの！	89
手袋シアター	歯みがきシュッシュカ	92
うちわシアター	お星様のお友達出ておいで	96
靴下シアター	おしくらまんじゅう ぎゅっ ぎゅっ ぎゅっ	99
カラー手袋シアター	さるくんのバナナ	102

作り方 …… 106　　　型紙 …… 113

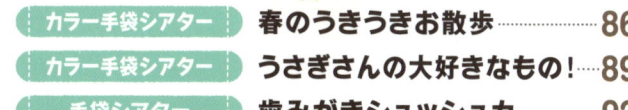

本書の特長

身近な材料で簡単に作れて、いつでもどこでも保育者1人で気軽に演じられるシアターを紹介します。日常の保育からお誕生会などのイベントまで、さまざまな場面で役立ち、子どもたちが楽しめる内容です。演じるシーンに合わせてご活用ください。

● 全32本の種類豊富なシアター！

めくり絵、カード、パペット、マジック、絵遊びなど、バラエティー豊かなシアターを収録。また、手袋やハンカチ、うちわなど、どれも身近にある物を使用しているため、取り組みやすくなっています。

● 選びやすく5つのジャンル別に掲載！

シアターの内容ごとに、「お誕生会」「当てっこ」「歌」「食べるの大好き」「お話」という5つのジャンルにまとめました。演じたいシーンや子どもたちの好みに合ったシアターがすぐに見つかります。

お誕生会シアター
お誕生日にちなんだお話や、会が盛り上がるマジックのシアター

当てっこシアター
「これな〜んだ?」「だ〜れだ?」とクイズで遊ぶシアター

歌のシアター
おなじみの歌をモチーフに、楽しくうたいながら演じるシアター

食べるの大好きシアター
食育にも利用できる、食をテーマにしたシアター

お話のシアター
かわいいキャラクターが登場する、お話を楽しむシアター

● アイコンと写真で内容が一目でわかる！

シアターの種類
なにを使ったシアターか一目でわかります。

作り方・型紙ページ
作品の作り方と型紙が載っているページを示しています。

シアターのジャンル
5つのジャンルを示しています。

演じ方
ふんだんに写真を使って、演じ方を説明。せりふを言うタイミングや表情などがすぐにわかります。

● 詳しい作り方＆便利な型紙付きで準備が簡単！

材料や作り方をカラーイラストや写真で解説。型紙は拡大比率を目安にコピーしてお使いいただけます。

● 楽譜付きではじめての歌でも安心！

「歌のシアター」などには、楽譜を掲載しています。シアターを演じながら、また終わったあと、子どもたちといっしょにうたっても楽しめます。

お誕生会シアター

めくり絵シアター
作り方 P106 / 型紙 P113

お誕生日おめでとう

クラスの子どもたちにお誕生月の子がいることを知らせて、みんなで祝福しましょう。

案・指導 ● 阿部 恵　製作 ● 冬野いちご
撮影 ● 林 均　モデル ● 柳澤怜弥

1

● 1つ目のめくり絵を持って

○○組さん見てください。
誰かがいますよ。

● 保育者がうたいます。

♪だあれ　だあれ　だあれかな
　ピンクのかげは　だあれかな

● 子どもたちの反応を確かめて

うさぎさん。そうかな？

♪だあれ　だあれ　だあれかな

2

● めくり絵の半分を、期待をもたせるようにしてめくります。

あっ、みんなが
教えてくれたうさぎさん
みたい。もう半分も
めくってみましょう。

● 残りの半分をめくります。

大当たり、うさぎさんでした！
あら？　うさぎさんはなんだかすてきな冠を
かぶっていますよ。

お誕生日おめでとう

さあ、誰かな？

●2つ目のめくり絵を見せて、最初と同様に演じます。

また影が出てきました。
今度は誰でしょう。

♪だあれ　だあれ　だあれかな
　ちゃいろいかげは　だあれかな

たぬきさんかな？
くまさんにも見えるね。
そうだね、パンダさんかも
しれないね。さあ、誰かな？

●めくり絵の半分をめくります。

あれ？　パンダさんではないみたい。
もう半分もめくりますよ。

●残りの半分もめくります。

これは、くまさんでした！
あら、くまさんもすてきな冠をかぶっていますね。

♪あかいかげは　だあれかな

●3つ目のめくり絵を持って同様に演じます。

今度は、こんな影。
濃い赤色ですよ。

♪だあれ　だあれ　だあれかな
　あかいかげは　だあれかな

わからないね…。ゴリラさんかな？　おにさんかな？

●においをかぐ動作をしながら、半分をめくります。

あ、でもね、なんだか甘くておいしいにおいがしていますよ。
これは…ケーキ？　本当だ、ケーキみたいね。

もう半分もめくってみましょう。

●残りの半分をめくります。

わー！　お誕生ケーキです。おいしそう！　そうか、うさぎさんもくまさんも○月に生まれたんですね。だからすてきな冠をしていたんですね。

あのね、○○組さんでも○○ちゃんが○月生まれです。

●お誕生月の子を紹介し、みんなで祝福します。

○○ちゃん、お誕生日おめでとう。

おしまい

♪ **だあれ だあれ だあれかな**　　　　作詞／阿部　恵　作曲／佐藤千賀子

だあれ　　だあれ　　だあれか　な

{ピン　ク　の　いい
ちゃい　ろ　の　いい
あ　か　} かげは　だあれか　な

お誕生会シアター

カードシアター

コケコッコママからのおめでとう！

お誕生会にぴったりなシアターで、
子どもたちに「おめでとう！」の気持ちを伝えましょう。

案・指導・製作 ● 山本省三　撮影 ● 林　均
モデル ● 吉江　瞳

1

楽しい
お誕生会を
始めましょう！

● エプロンなどのポケットに卵
　（大・小）を入れ、くちばしととさか
　などをつけて登場します。

コッコ、コケコッコ。
わたしはコケコッコママよ！
さあ、楽しいお誕生会を始めましょう！

2 ● ポケットの中から、卵（小）を取り出します。
コッコ、コケコッコ！　卵が生まれたわ！

卵が生まれたわ！

3

- 卵を開いて、ひよこを見せながら
パリ、パリン…。ピヨピヨ！
お誕生日おめでとう！

4

- ひよこの裏の畳んであった紙テープを伸ばして、メダルにします。
○○ちゃん、ひよこちゃんからの贈り物です！ お誕生日おめでとう！

- メダルをお誕生月の子の首にかけます。お誕生月の子が複数いる場合は、人数分繰り返します。

5

- ポケットの中から、卵（大）を取り出します。

コッコ、コケコッコ。
あらまあ！ 今度はとっても大きな卵が生まれたわ！

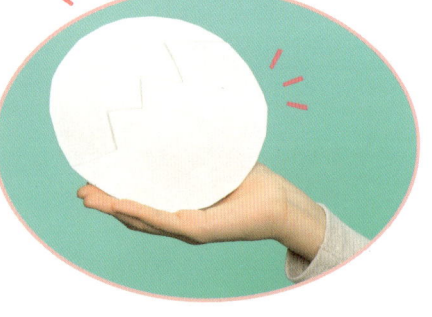

コケコッコママからのおめでとう！

お誕生会シアター

6

卵の中から
出てくるのは
なにかな？

●卵を開き、ケーキの一部を見せます。
メリメリッ…。
あれれ、卵の中から出てくるのはなにかな？

7

○○ちゃん
お誕生日
おめでとう！

●畳んであったケーキを広げます。
わあ！ 大きな大きなお誕生ケーキでした！ コッコ、コケコッコ。
さあ、みんなで大きな声で言いましょう。
○○ちゃん、お誕生日おめでとう！

11

お誕生会シアター　靴下シアター

作り方 P106　型紙 P115

やぎさんのお誕生会

「やぎさんゆうびん」の曲に合わせた黒やぎさんと白やぎさんの
やりとりが楽しいシアターです。

案・指導 ● 浅野ななみ　製作 ● つかさみほ
撮影 ● 林 均　モデル ● 前濱 瞳

●右手に黒やぎをはめ、左手に草を持ちます。

黒やぎ　メー。
わたしは黒やぎ。緑の草が大好き！
ムシャムシャ。

●黒やぎに草を食べさせてから、白やぎからの手紙を出します。

黒やぎ　それから紙も大好き！　ムシャムシャ。

黒やぎ　あ！　しまった!!
白やぎさんからの
お手紙を食べちゃった…。
なんて書いてあったのかな。
困ったなあ…。
そうだ！　お手紙を出して聞いてみよう。

やぎさんのお誕生会

お誕生会シアター

3

●「やぎさんゆうびん」(作詞:まど・みちお　作曲:團　伊玖磨)の1番をうたいます。

♪しろやぎさんから　おてがみついた
　くろやぎさんたら　よまずにたべた
　しかたがないので　おてがみかいた
　さっきのてがみの　ごようじなあに

♪しろやぎさんから　おてがみついた
　くろやぎさんたら　よまずにたべた

4

わたしは白やぎ。
大好きな食べ物は
なんでしょう?

●黒やぎを外し、左手に白やぎをはめます。

(白やぎ) メー。
わたしは白やぎ。
大好きな食べ物はなんでしょう?

●草を出して食べさせます。

(白やぎ) 草!　大当たり!　モグモグ。

●黒やぎからの手紙を出します。

(白やぎ) 紙!　大当たり!　モグモグ。

モグモグ

5

(白やぎ) あれ？　たいへん！
黒やぎさんからのお手紙を食べちゃった…。
もう一度、お手紙を出して聞いてみよう。

●「やぎさんゆうびん」の2番をうたいます。

♪くろやぎさんから　おてがみついた
　しろやぎさんたら　よまずにたべた
　しかたがないので　おてがみかいた
　さっきのてがみの　ごようじなあに

6

●白やぎを外して、右手に黒やぎをはめ、
　白やぎからの手紙を出します。

「白やぎさんの家まで行ってみよう！」

(黒やぎ) また白やぎさんからお手紙が来たよ。今度は食べちゃだめだよね。なになに…？
「さっきの手紙のご用事なあに？」
あれ？　おかしいな。
白やぎさんの家まで行ってみよう！

やぎさんのお誕生会

7

「白やぎさーん!」

●左手に白やぎをはめます。

黒やぎ おーい、白やぎさーん!

白やぎ あ、黒やぎさん!
きょうは黒やぎさんのお誕生日だから、お祝いにケーキを作ったの。
それで遊びに来てくださいってお手紙を出したんだけど…。

黒やぎ そうだったの。実はそのお手紙を食べちゃったんだ。ごめんなさい。

白やぎ わたしも、黒やぎさんからのお手紙を食べちゃって…。
ごめんなさい。でも、来てくれてよかった!

8

「ありがとう!」 「お誕生日おめでとう!」 カード

白やぎ はい! お誕生日おめでとう! ケーキでーす!

●カードを出して広げます。

黒やぎ わー、ありがとう!

保育者 黒やぎさんは大喜び。すてきなお誕生会になりました。

お誕生会シアター / マジックシアター
作り方 P107

不思議なバースデーペーパー

お誕生会にふさわしい華やかなマジックです。
明るく楽しく演じましょう。

案・指導 ● 菅原英基　製作 ● 加藤直美
撮影 ● 林 均　モデル ● 鈴木貴子

1

○月生まれのお友達、お誕生日おめでとう！

● 丸めた似顔絵を持って登場します。

○月生まれのお友達、お誕生日おめでとう！

似顔絵を描いてきました

● 似顔絵を広げて子どもたちに見せます。

きょうはお誕生日のお友達の似顔絵を描いてきました。どう？　うまく描けているかな？
お誕生日のお祝いに、みんなにすてきな物を見せてあげるね。

2

チチンプイプイ、クルリンパ！

● 画用紙を丸めます。

もう一度、画用紙を丸めて…。

● おまじないをかけます。

チチンプイプイ、クルリンパ！　さあ、おまじないをかけると、なにが起こるかな？　ワクワクするね！

不思議なバースデーペーパー

3
●筒の中からモールを取り出しながら

あれれ？ 不思議だね。似顔絵を丸めただけなのに、キラキラの首飾りが出てきたよ！

「あれれ？」

「キラキラの首飾りが出てきたよ！」

●お誕生月の子の首にキラキラしたモールをかけます。お誕生月の子が複数いる場合は、人数分繰り返します。

4
じゃあ最後にもっときれいな物をプレゼントしましょうね！

●筒を上下に大きく振って、紙吹雪を出します。

お誕生日おめでとう！

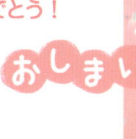
おしまい

「お誕生日おめでとう！」

お誕生会シアター

マジックシアター

消えるボトル

ポイントに注意して上手にボトルを隠し、子どもたちをアッと驚かせて
お誕生会を盛り上げましょう。

案・指導 ● 菅原英基
撮影 ● 林 均　モデル ● 遠藤 都

1

マジックを見せてあげるね

● 葉っぱと新聞紙、ボトルを持ち、子どもたちに見せます。

ボトルで、葉っぱを消してしまうマジックを見せてあげるね。

2 ボトルが割れると危ないので、こうして新聞紙で包んでおきましょう。

● 新聞紙をかぶせ、ボトルの形がしっかり出るよう、両手で押さえます。

ポイント ①
新聞紙をボトルにかぶせるときは、できるだけ形がしっかりと出るようにしましょう。

消えるボトル

お誕生会シアター

- 机の上に、葉っぱを裏にして置きます。新聞紙をかぶせたボトルを持って、2、3度振りかざしてから、葉っぱの上に下ろします。

えい！ これで葉っぱが消えるはず。

- ボトルを持ち上げても、まだ机に葉っぱは残っています。

4 あれ？ そうだ、葉っぱが裏だったから消えなかったのかな？

ポイント ②
葉っぱを持ち上げて見せて、子どもの注意が葉っぱに向くようにします。

- 同時にボトルをエプロンのポケットに近づけ、新聞紙の中からボトルだけをポケットの中に落とします。新聞紙のボトルの形は残しておきます。
 葉っぱを表にして机に置きます。

5

ポイント ③
ボトルを落としたあと、新聞紙の形が崩れないように、気をつけましょう。

● 新聞紙を両手で持ち、葉っぱの上へそっと置きます。

今度こそ、えい！

● 左手で新聞紙の形が崩れないように支えたまま、右手で「バン！」と新聞紙をたたきつぶします。

6

● 新聞紙を持ち上げて、ボトルが消えてしまったことを示します。

葉っぱの方が元気だったので、なんとボトルの方が消えてしまいました！

おしまい

お誕生会シアター　マジックシアター

作り方 P107

波を切る!?

真っ二つに切ったロープが、あっという間に元どおりに!?
お誕生月の子にも手伝ってもらって、いっしょに楽しみましょう。

案・指導・実演 ●大友 剛　製作・イラスト ●Office Amiami
撮影 ●林 均

1

ロープで波を作ってみよう。

●子どもたちは青いロープ（2m程度）の両端を持ち、ゆらゆら揺らして波を作ります。

こうやってゆらゆら揺らすと…？　ほら、波になったよ！

※色画用紙で作ったヨットやかもめなど、小道具を使って盛り上げましょう。

ゆら　ゆら

波になったよ！

ポイント ①
ロープを半分に折って持ちます。

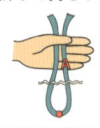

2

●波の真ん中をつまんで、子どもたちからロープをもらい、半分に折って、輪の方を垂らして持ちます。

波をちょっと持ち上げて…半分に折るよ。

3

●ロープの真ん中をつまみ上げてさらに半分に折ります。

もう一度半分に折ったら…波がこんなに小さくなっちゃった。

「波がこんなに小さくなっちゃった」

ポイント ②
ロープの真ん中（●）を持ち上げるとき、輪になった部分から、**A**の部分をつまみ出します。

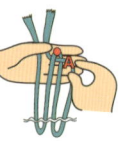

4

●はさみで、ロープの輪になっている部分を切ります。

小さくなった波の真ん中を、はさみでチョッキン!!

チョッキン!!

ポイント ③
ロープの真ん中を切ったように見せかけて、「**ポイント2**」で説明した**A**の部分を切ります。

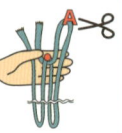

5

ポイント ④
★印の部分を垂らして、半分に切れたように見せます。

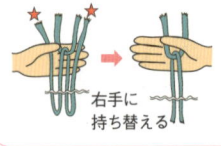
右手に持ち替える

「真っ二つに切れちゃった！」

●ロープの2つの端を垂らして、右手に持ち替えます。

ほら、波が真っ二つに切れちゃった！

波を切る!?

お誕生会シアター

6

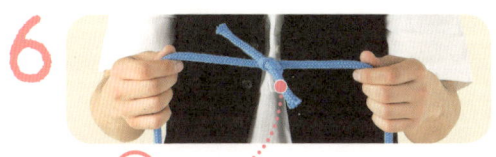

●切れたロープを結びます。

真っ二つになった波をこうやって結んで…。

ポイント 5
垂らしてないロープの端を2回結びます。

もう1回結ぶ

7

●子どもたちがロープの片端を持ち、保育者はロープを揺らして波を作っていきます。

ゆらゆら揺らしていくと…あれあれ？ 波がつながったよ！

波がつながったよ！

ポイント 6
6の結び目を手で隠し、ロープの端までスライドさせます。

結び目

8

あっという間に元どおり！

●つながったロープを見せながら

切れた波が、あっという間に元どおり！

おしまい

お誕生会シアター マジックシアター

作り方 P107

魔法の水

身近な材料を使ってできる色水が、いろいろな色に変化！
子どもたちも夢中になり、お誕生会が盛り上がります。

案・指導 ● 岩立直子
撮影 ● 正木達郎　モデル ● 安生めぐみ

1

なんだと思いますか？

● 紫キャベツの色水を机に置き、子どもたちに見せます。

不思議な不思議な手品をします。
まずは、こちらのコップを見てください。これはなんだと思いますか？

2 クンクン

においをかいでみましょう。

● 子どもたちにもコップのにおいをかいでもらいます。

魔法の水

お誕生会シアター

3

見たことあるかな？

これは、実はキャベツのお水です。
● 紫キャベツを見せます。
紫色のキャベツなんですよ。見たことあるかな？
●「見たことある！」「初めて」など、子どもたちの反応を待ちます。

この紫キャベツをちぎって水に入れ、よくもんであげると、こんなきれいな紫色の水になります。

4

それでは、さっそくこの色水を使って手品をしてみましょう。ここに「魔法の水」が3つあります。
●「魔法の水」を載せたトレーを出します。

これを入れるとどうなるでしょう？
● 1つ目（酢水）を取って子どもたちに見せ、端のコップに入れます。

どうなるかな？

5

●少しずつ入れながら、子どもたちにも色が変わっていく様子がよく見えるようにします。

あれれ…!?
紫色の水が、なんときれいなピンク色になりました！

あれれ…!?

6

次は、この「魔法の水」を入れてみましょう。

●2つ目の「魔法の水」（塩水）を見せて、真ん中のコップに入れます。

今度は…青色になりました！
きれいですね。

魔法の水

お誕生会シアター

7

もう1つはどうでしょう？

●3つ目の「魔法の水」（合成洗剤水）を見せて、残りのコップに入れます。

緑色です。きれいな色にどんどん変わりましたね！

8

不思議な不思議なマジックでした。

だ～れだ？

透けているクリアファイルの特徴をいかして、いろいろな動物を作ります。
クイズにして子どもたちと楽しみましょう。

案・指導・製作 ● 島田明美　撮影 ● 林　均
モデル ● 城品萌音

1

● 顔形とくまのクリアファイルを持ちます。

この形、なにに見えるかな？
今からいろいろな動物に変身するよ。

2

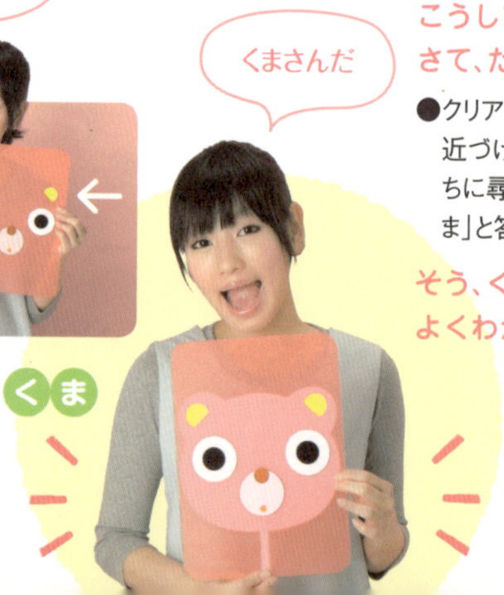

こうして、重ねていくと…

くまさんだ

こうして、重ねていくと…。
さて、だ～れだ？

● クリアファイルと顔形を徐々に近づけて重ねていき、子どもたちに尋ねます。子どもたちが「くま」と答えたら

そう、くまさんだ。
よくわかったね！

だ～れだ？

●パンダのクリアファイルを持ちます。

次は…あれ？　目の周りが黒いなあ。
どこかで見たことがあるね。
だ～れだ？

パンダ

●2と同様にして重ねていき、子どもたちが
「パンダ」と答えたら

やっぱりパンダさんでした。

当てっこシアター

4 ●たぬきのクリアファイルを持ちます。

次は…おや、今度は目の周りが不思議な
形だね。だ～れだ？

●2と同様にして重ねていき、
　子どもたちが「たぬき」と答えたら

当たり！
たぬきさんでした。

たぬき

5

難しいよ？

とらさんだね

とら

●とらのクリアファイルを持ちます。

次は難しいよ？　顔にしましまがある
みたい。だ～れだ？
●子どもたちが「とら」と答えたら

とら？　本当にそうかな？
●2と同様にして重ねていき

あ、みんなすごい！　とらさんだね。

29

6

さてさて、これは難しいよ～？
だ～れだ？

● 2と同様にして、いったん耳の下に目がくるように重ねて見せます。

あれ!?　こんな顔の動物いたかなあ。みんなわかる？

7

ジャーン!！

かえる

● 子どもたちの反応を見て、クリアファイルをずらします。

ジャーン！　かえるさんでした！
いろいろな動物になっておもしろいね。

お客様はだあれ？

ハンカチの形が変わって、子どもたちを驚かせます。
「だあれ?」と尋ねる姿と、お客様の様子を、わかりやすく演じ分けましょう。

案・指導・製作 ● 礒みゆき　撮影 ● 林 均
モデル ● 池田裕子

1

● 「作り方」のページを参照し、ハンカチを結んで小鳥を作っておき、右手に持ちます。

（小鳥）トントントン。

（保育者）お客様、あなたはだあれ？

（小鳥）わたしは小鳥、パタパタパタ。
お空を飛んでこんにちは！

● ハンカチを持つ手をヒラヒラと小さく上下に動かします。

2

● 目のシールをいったんはがして、左手に付けておきます。ハンカチをほどき、左手でたこの形に持ち、目を付け直します。

（たこ）トントントン。

（保育者）お客様、あなたはだあれ？

（たこ）ぼくはたこだよ、ス〜イスイ。
海を泳いでこんにちは！

● ハンカチを持つ手を左右にゆっくり動かし、右手は波が揺れるようなしぐさをします。

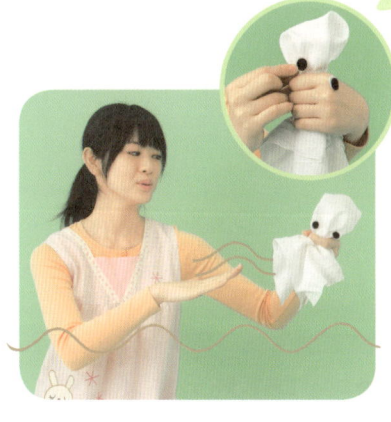

3 ワンワンワン！

●ハンカチを広げていぬの形に折り、目の位置を付け直します。

(いぬ) トントントン。

(保育者) お客様、あなたはだあれ？

(いぬ) 隣のポチだよ、ワンワンワン！
走ってきたよ、こんにちは！

●いぬを両手で持って、跳ね回るように左右に動かします。

4

●ハンカチを広げて拳にかぶせ、おばけの形にします。目を付け直し、自分の方へ向けます。

(おばけ) トントントン。

(保育者) お客様、あなたはだあれ？

(おばけ) ……。

5

(保育者) あれ？　お返事ないね。もう一度聞いてみようか。

●顔をハンカチに近づけて

(保育者) お客様、あなたはだあれ？

6

●ハンカチを半回転させながら、声色を変えて

(おばけ) ヒュ〜ドロドロ、おばけだよ！

●おばけを見て、驚くしぐさをします。

お客様はだあれ？

7

キャーッ！

保育者 キャーッ！

●ハンカチを浮遊させるようにフワフワと動かし、子どもに近づけたり、遠ざけたりしながら、少しずつ上の方へ飛んで行くようにします。

当てっこシアター

8

●ハンカチを後ろへ隠します。

保育者 びっくりしたね。でも、みんなの大きな声でおばけもびっくりして逃げちゃった。よかった〜！

●手を胸に当てて、ホッとしたしぐさをして

9

保育者 ホッとしたらおなかがすいたね。じゃあ、みんなでサンドイッチを食べようか。

●ハンカチを三角に折り、サンドイッチに見立てます。

保育者 はい、どうぞ。いただきま〜す。

いただきま〜す

おしまい

絵遊びシアター

この丸、なんの丸？

ホワイトボードに描いた丸が、おだんごやはち、ぶたに変身！
子どもたちのリアクションをうまく引き出しながら演じましょう。

案・製作 ● ヒダオサム　撮影 ● 正木達郎
モデル ● 山口智美　イラスト ● 冬野いちこ

●ホワイトボードに丸を4つ描いておきます。

さあ、楽しいお絵描きが始まるよ！
４つの丸が、なんになるかな？

この丸、なんの丸？

丸1が変身

1 丸1

● 丸1の下に丸を描いて
丸が2つ。雪だるまかな？

2

● もう1つ丸を描いて
丸が3つになったよ。…わかるかな？

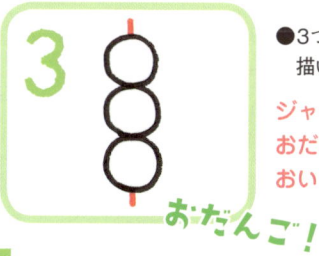

3

● 3つの丸の上と下に棒を描いて
ジャーン！
おだんごのできあがり！
おいしそうだね。

おだんご！

丸2が変身

1 丸2

● 丸2の左上と右下に丸を描き、棒を足して
またおだんごかな？

2

● 丸2の上に羽を2枚描いて
おやおや？　今度は違うよ。

3

● 一番下の丸に、しま模様を描いて
さあ、なんになるのかな…？

はちさん！

4

● 触角、目、口、足を描いて
ほら、かわいいはちさんだよ！

当てっこシアター

丸3が変身

1 丸3

●丸3を大きな丸で囲んで

わっ、目玉がギョロリ！

2

●二重丸を、さらに丸で囲んで

あれ、お皿に載った目玉焼きかな？

3

●真ん中の丸に耳を2つ、外側の丸に足を2本描いて

おや！　ピョコン、ピョコンとなにか出てきたよ。

4 ぶたさん！

●目と鼻の穴、しっぽを描いて

あっという間にぶたさんになりました！

丸4が変身

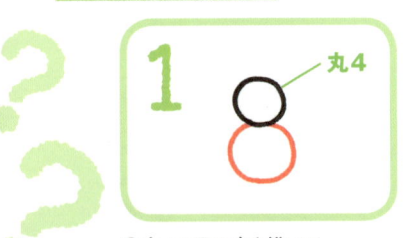

1 丸4

●丸4の下に丸を描いて

あ！　今度こそ雪だるまかな？

2 やっぱり！

●丸4の中に点を2つ描いて

ほら、やっぱり雪だるまだ！

この丸、なんの丸？

3
●雪だるまを大きな丸で囲んで
あれ、雪だるまが、かまくらに入っちゃった。

4
●外側の丸に耳を2つ描いて
あれあれ…雪だるまじゃないよ。

5
またまたぶたさん！
●大きな丸の中に目を描いて
またまたぶたさんでした！

当てっこシアター

おもしろかったかな？

おしまい

当てっこシアター / 洗濯ばさみシアター

作り方 P108
型紙 P117

誰かな、誰かな?

耳やしっぽ、鳴き声をヒントに、散歩に出かけた動物を当てるシアターです。
元気な動物たちになりきって盛り上げましょう。

案・指導・製作 ● 礒みゆき　撮影 ● 林　均
モデル ● 遠藤　都

1

動物たちが
お散歩に
出かけました

● 頭に白いバンダナを巻いて、エプロンのポケットにうさぎの耳、ぶたのしっぽ、あひるのくちばし、あひるの子どもたちを入れておきます。

(保育者) 動物たちがお散歩に出かけました。どんな動物がやってきたのか、みんな当ててみてね!

2

ピョンピョン
ピョン

● ポケットからうさぎの耳を出し、頭のバンダナに付けます。

(保育者) ピョンピョンピョン!
誰かが跳ねてきた。誰かな、誰かな?

● 子どもたちが「うさぎ!」と答えたら

(うさぎ) 当たり～!　お散歩に行くの、ピョンピョンピョン。

誰かな、誰かな？

当てっこシアター

3
●うさぎの耳を外します。

保育者 ブィブィブィと鳴きながらかけてきた。誰かな、誰かな？

ブィブィブィ

4
保育者 ヒントはこれです。くるりんこ♪

●ポケットからぶたのしっぽを出し、お尻に付けます。子どもたちが「ぶた！」と答えたら

ぶた 当たり〜！　お散歩に行くの、ブィブィブィ。

5
●ぶたのしっぽを外します。次に、あひるのくちばしを出して頭のバンダナに付け、手で羽を作りながら歩くしぐさをします。

保育者 ガーガーガーと鳴きながら歩いてる。誰かな、誰かな？

●子どもたちが「あひる！」と答えたら

あひる 当たり〜！　お散歩に行くの、ガーガーガー。ぽかぽかお天気、いい気持ち。

ガーガーガー

6

保育者 あれ? かわいい声が聞こえてきたわ。ほら、し〜っ 聞こえる?

●耳を澄ますしぐさをします。

保育者 ピィピィピィ ピィピィピィ、誰かな、誰かな?

●子どもたちが「あひるの子ども!」と答えたら、ポケットからあひるの子どもたちを出して、肩や腕に付けていきます。

7

あひるの子ども 当たり〜!
お散歩に行くの、ピィピィピィ。

保育者 まあ、いっぱいついて来た。
いっしょに行こうね。お散歩大好き!
行ってきまーす。

行ってきまーす

おしまい

当てっこシアター　新聞紙シアター

このスポーツな〜んだ？

細くしたり、丸めたり、新聞紙は大胆に形を変えられるおもしろい素材です。
いろいろなジェスチャーで当てっこゲームをして楽しみます。

案・指導　●　島田明美　　撮影　●　正木達郎
モデル　●　井上貴恵

当てっこシアター

1

「始まるよ」

● 新聞紙を広げてシアターの始まりを呼びかけます。

今からこの新聞紙を使って、先生が好きなスポーツのまねをします。なんのスポーツをしているのか当ててね。

2

● 新聞紙を棒状に丸め、野球のバットにします。構えたり、振ったりして、子どもにわかるように演じます。

ピッチャー投げました。ホームラン！

● 子どもたちが「野球」と答えたら

そうですね、野球です。

3

では、これはなーんだ？

● 新聞の棒を握り、振り下ろします。

めーん、どーう！

● 子どもが当てられなかったら、教えましょう。

ちょっと難しかったかな？　これは剣道でした。

「めーん」

41

4

では、これはなーんだ?

● 新聞紙の棒を下の方から、重そうに持ち上げます。一番上に持ち上げるときは、歯をくいしばって表情を豊かに演じましょう。

よい…しょー、うおーっ!
重量挙げでした。
わかったかな?

5

● 新聞紙を開いて丸めます。

では次は…おや、今度は形が変わりました。
どんどん変わりますよ。

ボールになりました。これはなんでしょう。

● サーブやレシーブのポーズで、実際に軽くたたいてみます。子どもの反応をみて

そうですね、バレーボールでした。

このスポーツな〜んだ?

6 これは知っているよね?
●ボールをけったり、リフティングやヘディングをします。子どもたちが「サッカー」と答えたら

当たり! そう、サッカーでした。
大好きなお友達がたくさんいますね!

当てっこシアター

7

でも、先生の一番得意なスポーツは…。
●もう1枚新聞紙を丸めます。両方の丸めた新聞紙の一部を握ります。

8 これです! なーんだ?
●ボクシングのしぐさをします。子どもたちが「ボクシング」と答えたら

当たり! ボクシングです。
みんなも新聞紙を使って、いろんなスポーツをまねしてみましょうね。

おしまい

43

当てっこシアター　靴下シアター

作り方 P108　型紙 P118

たぬきちゃんの変身ペッポコポン!

たくさんの動物が登場する靴下シアター。
「次はだーれだ?」と子どもたちと話しながら遊びましょう。

案・指導・製作 ● 礒みゆき　撮影 ● 林 均
モデル ● 堤なぎさ

1

いろんなものに変身できるんだ

● 左手におばけ、キリン、へび、うさぎ、たぬきの順に靴下を重ねてはめ、たぬきの顔が見えるように準備します。

ポン!　ぼく、たぬき。ぼくね、いろんなものに変身できるんだ。すごいでしょ。なにに変身するか当ててみて。
ピョンピョンピョン、長ーいお耳はだーれだ?

2

● 子どもたちが「うさぎ!」と答えたら
変身、変身、ペッポコポン!
● たぬきの靴下をとります。

変身、変身、ペッポコポン!

たぬきちゃんの変身ペッポコポン！

3

「ピョンピョン、こんにちはー」

当たり！ うさぎさんです。ピョンピョン、こんにちはー。

●うさぎのまねをしながら、子どもたちにうさぎを見せて

次は、ニョロニョロ、ぐるぐる、巻き巻き、だーれだ？

●子どもたちが「へび！」「うなぎ！」などと答えたら、うさぎの靴下をとりながら

変身、変身、ペッポコポン！

当てっこシアター

4 「わ！ へびさんだ！」

●びっくりした表情で
わ！ へびさんだ！
ニョロニョロニョロ。

5

●へびの靴下を少しめくりながら、子どもたちに問いかけます。

長ーい、長いお首だよ。背高のっぽはだーれだ？

●子どもたちが「キリン！」「うま！」などと答えたら、へびの靴下をとりながら

変身、変身、ペッポコポン！

6

●キリンの靴下をわざとくにゃっとしておきます。

あれれ？　なんだろう？

●キリンの靴下を上へひっぱりながら

長いお首の…キリンさんでした！

●キリンの首を伸ばして子どもたちに見せてから

次は、ふわふわゆらり。ヒュードロドロ。ちょっと怖いよ、だーれだ？

たぬきちゃんの変身ペッポコポン!

出たー！
おばけだぞー!!

7

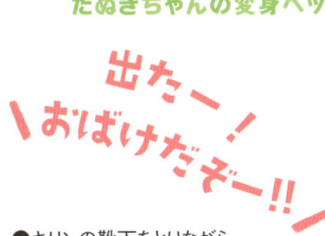

● キリンの靴下をとりながら
変身、変身、ペッポコポン！
● おばけのまねをしながら
出たー！　おばけだぞー!!

当てっこシアター

8

● 子どもたちに問いかけながら、おばけの靴下をくるりと丸めます。
おまけのおまけは、だーれだ？
変身、変身、ペッポコポン！

● 手のひらをそっと開いて、子どもたちに見せながら
おまけのおまけは、卵だよ。いっぱい遊んだからそろそろおうちへかーえろ！
● 卵の靴下を机の上で転がして、受けとめ、後ろへ隠します。
おばけの卵、コロコロ、バイバーイ！

コロコロ

おしまい

歌のシアター / カラー手袋シアター

作り方 P108

♪たまごのうた

カラー手袋に目とくちばしを付けたら、かわいいひよこちゃんになりました。
手や指を大きく、はっきり動かして演じましょう。

案・製作 ●冬野いちご　撮影 ●林 均
イラスト ●吉村亜希子

1 
なんのたまごかな？
パリパリッ
●カラー手袋をはめた手をグーにして、子どもたちに向けます。
♪まぁるい　たまごが

2 
ヒヨコちゃん見ーつけた！
パチン
パッ
●グーの状態から人さし指だけ出します。
♪パチンとわれて

3 
ピヨッピヨッ
ピヨッピヨッ
●人さし指のひよこを子どもたちに見せながら、左右に動かします。
♪かわいい　ひよこが
ピヨッピヨッピヨッ
まあかわいい
ピヨッピヨッピヨッ

おしまい

♪ たまごのうた

バリエーション ① ひよこを増やそう!

2わ　3わ

卵が「パチン」と割れたところで立てる指を増やし、2わ、3わとひよこの数を変えながら繰り返し遊びましょう。

バリエーション ② 「ことりのうた」で遊ぼう!

もう片方のカラー手袋で母さんどりを作って「たまごのうた」の2番・3番や、「ことりのうた」(作詞:与田準一　作曲:芥川也寸志)をうたいながら保育者2人で演じても楽しいです。

歌のシアター

♪ たまごのうた　　　　　　　　　　　　作詞・作曲／不詳

1. まぁるいたまごが　パチンとわれて　かわいいひよこが　ピヨッ ピヨッ ピヨッ　ままぁかわいい　ピヨッ ピヨッ ピヨッ
2. かあさんどりのら　おまはのねぶしく　かわいいおおきめめを　ピヨッ ピヨッ ピヨッ　まあかあかわ　ピヨッ ピヨッ ピヨッ
3. あおいそらから　してー　かかわいい　ピヨッ クリッ クリッ クリッ　まかわわいい　ピヨッ クリッ クリッ クリッ

49

歌のシアター　靴下・手袋シアター

作り方 P108

♪かたつむり

靴下を丸めて手袋に貼るだけでかたつむりのできあがり！
子どもたちといっしょに手でかたつむりを作って遊びましょう。

案・指導・製作 ● 山本省三　撮影 ● 林　均
モデル ● 加来真祐子

1

● 靴下を丸めたものを持って、子どもたちに見せながら

みんな、これ、なにかわかるかな？　えっ、ロールケーキみたいでおいしそうだって!?　でも、ロールケーキじゃないの。

● 右手に靴下を持って、左手で指さしながら

これは、「クルクル　かたつむりちゃん」です。みんなは、かたつむりの歌を知ってるかな？　いっしょにうたってみましょう。

2

● 左手に手袋をはめます。うたいながら、左手の手の甲と、右手の手のひらで靴下を挟んで、クルクルと転がします。

♪でんでん　むしむし
　かたつむり

♪でんでん　むしむし　かたつむり

♪ かたつむり

3
- 左手をグーに握ります。

♪おまえの あたまは どこにある

- 歌詞に合わせて、右手の手のひらをあごに当てて首を振り、考えるようなしぐさをします。

♪おまえの あたまは どこにある

4 ♪つのだせ ♪やりだせ

- 握った左手の人さし指を伸ばしながら、右手に目玉をしのばせます。

♪つのだせ

- 続けて左手の中指を伸ばしながら

♪やりだせ

5 ♪あたまだせ

- 軽く左手を内側に向け、人さし指と中指に目玉を貼ります。目玉がよく見えるように、指をグッと伸ばして

♪あたまだせ

さあ、みんなも右手をグーに握って、かたつむりを作り、いっしょにうたいましょう。

- 2番の歌詞でも同様に遊んでみましょう。

おしまい

歌のシアター

♪ かたつむり　　　　　　　　　　　　文部省唱歌

♩=92　mf　2/4

1. でんでん むしむし かたつむり
2. でんでん むしむし かたつむり

おまえの あたまは どこに ある
おまえの めだまは どこに ある

f
つの だせ やり だせ あたま だせ
つの だだ せ やり だだ せ あめ だま だだ せ

51

歌のシアター　　紙袋シアター

作り方 P109

♪ぞうさん

大小の紙袋をリサイクルして簡単なシアターに。
ぞうさん親子の鼻が伸びて、きっと子どもたちは大喜びです。

案・指導・製作 ●山本省三　撮影 ●林　均
モデル ●城品萌音

1
●大小の紙袋で作った2頭のぞうを後ろ向きに並べます。鼻は奥へ入れ、耳は閉じておきます。

みんな、ここに後ろを向いている動物がいますよ。
なんの動物かわかるかな？

2

♪ぞうさん　ぞうさん

●子ぞうを正面に向け、
　閉じた耳を押さえながら

今からうたって呼んでみるね。

♪ぞうさん　ぞうさん

●うたいながら、子ぞうの耳を
　開きます。

3
●子ぞうの鼻をゆっくり引き出して
　伸ばします。

♪おはなが　ながいのね

ズズ〜

♪ぞうさん

4

こっちの大きい後ろ姿もぞうさんかな?

●お母さんぞうも正面に向けて耳を開きます。

♪そうよ　かあさんも

5 ♪ながいのよ

●お母さんぞうの鼻も伸ばし、子ぞうの鼻と近づけて持ちます。

♪ながいのよ

はーい、仲よしぞうさんの親子でした！　今度はみんなで、2番をうたってみましょう。

♪ぞうさん　ぞうさん　だーれが　すきなーの
　あのね　かあさんが　すきなのよ

おしまい

歌のシアター

♪ぞうさん　　　　　作詞／まど・みちお　作曲／團 伊玖磨

1. ぞ　うさん　ぞ　うさん　お　はなが　ながいのね
2. ぞ　うさん　ぞ　うさん　だ　ーれが　すきなーの

　そ　うよ　かあさん　も　な　がいの　よ
　あ　のね　かあさん　が　す　きなの　よ

歌のシアター / フェルトシアター
作り方 P109 / 型紙 P119

♪ふしぎなポケット

どんどんビスケットが増えていくしかけに、子どもたちもびっくり！
元気よくうたって演じましょう。

案・指導・製作●山本省三　撮影●林　均
モデル●沼倉紅音

1

●ポケットをエプロンに貼り、畳んである
　ビスケットを持って登場します。

みんな見て見て！
このポケット、かわいいでしょう！
でも、かわいいだけじゃないのよ。

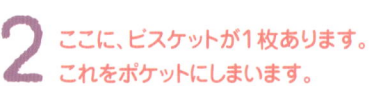

2 ここに、ビスケットが1枚あります。
これをポケットにしまいます。

♪ポケットの　なかには
　ビスケットが　ひとつ

●うたいながら、ビスケットをポケットに
　入れます。

♪ポケットの　なかには　ビスケットが　ひとつ

ポケットに
しまいます

♪ふしぎなポケット

3

♪ポケットを　たたくと

●うたいながら、ポケットをたたきます。

♪ポケットを　たたくと

4

●ポケットの中で、畳んであったビスケットを開き、2枚にして取り出します。

♪ビスケットは　ふたつ

ほら、2つになっちゃった！
すごいでしょう！
じゃあ、またポケットに入れてみるね。

●ビスケットを畳み、再びポケットの中に入れます。

♪ビスケットは　ふたつ

5

♪ビスケットは　みっつ

●再びうたいながら、ポケットをたたきます。

♪もひとつ　たたくと

●ビスケットを3枚にして取り出します。

♪ビスケットは　みっつ

わあ！　今度は3つになっちゃった！

●4枚、5枚と何度か繰り返します。

歌のシアター

6
♪たたいて みるたび

「さあ、次はどうなるかな?」

●ビスケットを畳んでポケットにしまい、何度かたたきます。

たくさんたたいてみたよ。さあ、次はどうなるかな?
♪たたいて みるたび

7
●ビスケットを全て広げて見せます。

♪ビスケットは ふえる
そんなふしぎなポケットがほしい
そんなふしぎなポケットがほしい

♪ビスケットは ふえる

おしまい

♪ふしぎなポケット

作詞／まど・みちお 作曲／渡辺 茂

♩=112

1. ポケットの なかには ビスケットが ひとつ
2. もひとつ たたくと ビスケットは みっつ

ポケットを たたくと ビスケットは ふたつ
たたいて みるたび ビスケットは ふえる

そんな ふしぎな ポケットが ほしい

そんな ふしぎな ポケットが ほしい

歌のシアター

紙コップシアター

作り方 P109
型紙 P119

♪こぶたぬきつねこ

紙コップで作った人形を、歌に合わせて動かします。
スピードを上げたりして、繰り返しうたって遊びましょう。

案・指導・製作 ● 山本省三　撮影 ● 正木達郎
モデル ● 河野めぐみ

1

さあ
始まるよ！

- 紙コップを4つ重ねて手に持って登場します。

さあ、きょうは、この紙コップ人形で遊びます。この紙コップに描かれているのは、なにかな？

- 子どもたちに問いかけ、かけ合いを楽しみながら

そう、ぶたさんです。

2

♪こぶた

- 重ねた紙コップを机に置いて、上の紙コップに手をかけながら

みんなは、「こぶたぬきつねこ」って歌を知っている？　じゃあ、いっしょにうたってみましょう。

♪こぶた

- うたいながら、ぶたの絵柄の紙コップを手に取り、横に置きます。

3

● たぬきの絵柄の紙コップに手をかけながら

♪たぬき

● うたいながら、たぬきをぶたの横に置きます。

♪たぬき

4

♪きつね

● きつねの絵柄の紙コップに手をかけながら

♪きつね

● うたいながら、きつねをたぬきの横に置きます。

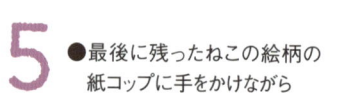

5

● 最後に残ったねこの絵柄の紙コップに手をかけながら

♪ねこ

● うたいながら、ねこをきつねの横に置きます。

♪ねこ

♪こぶたぬきつねこ

6
●4つ並んだ紙コップを、ぶたを一番上にした状態にして、順番に重ね、2〜5を繰り返しうたいながら、再び紙コップを並べます。

♪ブブブー　ポンポコポン
　コンコン　ニャーオ

7
少しずつ速くなるよ！

●少しずつテンポを速くしながら、繰り返しうたって楽しみましょう。

少しずつ速くなるよ！

おしまい

歌のシアター

♪**こぶたぬきつねこ**　　　作詞・作曲／山本直純

たのしく

こ ぶ た（こ ぶ た）た ぬ き（た ぬ き）き つ ね（き つ ね）ね
ブー（ブ ブブー）ポン ポコポン（ポン ポコポン）コン コン（コン コン）ニャー

こ（ね こ）ブブ オ（ニャー オ）こぶた（こぶた）たぬ
　　　　　　　　　　　　　　　　　　ブー（ブ ブブー）ポン ポコ

き（たぬき）きつね（きつね）ね　こ（ねこ）ブブ　　オ（ニャー　オ）
ポン（ポン ポコポン）コン コン（コン コン）ニャー

歌のシアター

封筒シアター

作り方 P109 / 型紙 P120

♪あがりめ さがりめ

子どもたちといっしょにうたいながら、ねこの目を動かします。
表情豊かに演じて盛り上げましょう。

案・指導●浅野ななみ　製作●まーぶる　撮影●林　均
モデル●城品萌音

1

「ねこさんは、お魚が大好き」

- 壁にねこの顔を貼り、ポケットには魚を入れておきます。

（保育者）ねこさんがいるよ。ねこさんの好きな食べ物はなにかな？　みんな知ってる？

- 子どもたちの反応を見ながら、ポケットから魚を取り出して見せます。

（保育者）そう！
ねこさんは、お魚が大好き。

2

（ねこ）あ、お魚だ！
ぱっくーん。

- 魚をねこの口に入れます。

（ねこ）もぐもぐ、おいしい！

（保育者）おいしくて、ねこさんはニコニコです。

「おいしい！」

「ねこさんはニコニコです」

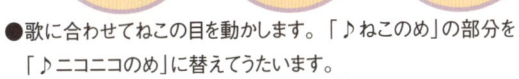

♪あがりめ さがりめ

3
♪あがりめ ♪さがりめ ぐるっとまわって

♪ニコニコのめ

● 歌に合わせてねこの目を動かします。「♪ねこのめ」の部分を「♪ニコニコのめ」に替えてうたいます。

♪あがりめ　さがりめ　ぐるっとまわって
　ニコニコのめ

4
いたたた！

ボールが飛んで来ました！

保育者 あ、ねこさんの所にボールが飛んで来ました！ピュー。危なーい！ごっつーん。

● ボール（市販の物）をねこの額に当てます。

ねこ いたたたた！

5
ねこ エーン、エーン、エーン…。

保育者 あーあ、ねこさん、泣いちゃった。

● 3と同様に遊びます。最後を「♪エーンエンのめ」に替えてうたい、目尻を下げて泣き顔にします。

保育者 痛い痛いの所に、ばんそうこうを貼ってあげましょう。
もう泣かないで、大丈夫だよ。

● ばんそうこうを出して、ねこの額に貼ります。

♪エーンエンのめ

ねこさん、泣いちゃった

ペタッ

歌のシアター

6

保育者 おや、いぬさんがやって来ましたよ。

● いぬを手にはめて口をパクパクさせ、ねこの方に向けて、ほえるしぐさをします。

いぬ ワンワン！ ウゥーワン！

保育者 わあ、大きな声です！ねこさんもびっくりしたみたい。

● 3 と同様に遊びます。最後を「♪びっくりのめ」に替えてうたい、目尻をランダムに動かしてびっくりした顔にします。

♪びっくりのめ

ワンワン！

7

● いぬの話を聞くしぐさをします。

保育者 ふーん、そうだったの。いぬさんはねこさんと遊びたかったんだって。じゃあ、みんなでいっしょに遊びましょう。

● 3 と同様にうたいながら、いぬの目を動かし、最後を「♪○○のめ」に替えていろいろな顔にします。子どもたちに、歌に合わせて自分の目尻を動かすように促します。

みんなでいっしょに遊びましょう

♪あがりめ　♪さがりめ　♪ぐるっとまわって　♪○○のめ

おしまい

♪あがりめ さがりめ

わらべうた

おもしろく

あ が り め　さ が り め
ぐるっ と まわっ て ね こ の め

歌のシアター　スポンジシアター　作り方P110　型紙P121

♪ぞうさんのぼうし

子どもたちに親しみのある歌を使った、楽しいシアターです。
最後はみんなで元気よくうたいましょう。

案・指導●浅野ななみ　製作●まーぶる　撮影●林　均
モデル●吉江　瞳

1

- 机の上に帽子を置き、こねこ①を持って登場します。

（保育者）こねこが大きな帽子を見つけました。

（こねこ①）あれ？　大きな帽子がある！　ちょっと入ってみよう。

- こねこ①を帽子の中に入れ、帽子を左右に揺らして

（こねこ①）ゆらゆらりーん、おもしろーい！

「大きな帽子がある！」
「ゆらゆらりーん、おもしろーい！」

2

- こねこ②を取り出して

（こねこ②）わー！　おもしろそう。入れて入れてー！

（こねこ①）いいよー！

- こねこ③を取り出し、同様に演じます。

「入れて入れてー！」
「いいよー！」

3

●こねこ④を取り出して

こねこ④ 楽しそう! 入れて入れて!

こねこ①②③ いいよー! でも入るかな?

こねこ④ きっと入るよ!

●こねこ⑤を取り出し、同様に演じます。

こねこたち わー! ぎゅうぎゅうだ!

「入れて入れて!」

「わー! ぎゅうぎゅうだ!」

4

●帽子を左右に揺らしながら

こねこたち ゆらゆらりーん!
おもしろい! ゆーらゆーら…。
わー! ひっくり返る!
キャー、助けて!

●帽子がひっくり返り、こねこたちが投げ出されます。

5

「ねこちゃんたちどうしたの?」

●靴下を腕にはめて、ぞうの鼻に通します。

保育者 そこへ、ぞうさんがやってきました。

ぞう あった! ぼくが忘れていった帽子。
あれれ? ねこちゃんたちどうしたの?

こねこたち 帽子に入って遊んで
いたら、ひっくり返ったの。

「だったらこうしてみたらどう?」

ぞう そうか…だったらこうしてみたらどう?

●ぞうの鼻で帽子のひもをつかみます。

保育者 ぞうさんは帽子のゴムを長い鼻で持ち上げて
くれました。

♪ぞうさんのぼうし

6

●歌に合わせてこねこを1匹ずつ帽子の中に入れます。

♪ぞうさんがわすれていった　おおきなおおきなぼうし
こねこがはいってニャン　にひきはいってニャンニャン
さんびきよんひきニャンニャンニャンニャン
ごひきはいってニャンニャンニャンニャンニャン
ギューギュ

●こねこが入った帽子を揺らしながら

(こねこたち) わーい！　ぶらんこだ！　そうさん、ありがとう。

(保育者) こねこさんたちは、大喜びで楽しく遊びました。

わーい！
ぶらんこだ！

おしまい

歌のシアター

♪ぞうさんのぼうし　　　　　　　　　　作詞／遠藤幸三　作曲／中村弘明

ぞ　う　さん　が　わ　すれ　ていった　お　お　きな　お　お　きな　ぼ　う　し
こ　ね　こ　が　は　いって　ニャン　　に　ひ　き　は　いって　ニャン　ニャン　　さ　ん　び　き　よ　ん　ひ　き
ニャン　ニャン　ニャン　ニャン　　ご　　ひ　き　は　いって　ニャン　ニャン　ニャン　ニャン　　ニャン　ギュー　ギュ

食べるの大好きシアター

タオルハンカチシアター

サンドイッチ作りましょ！

**手軽な準備で、すぐにできるシアターです。
リズミカルに節をつけながら、大きなサンドイッチを作って楽しみましょう。**

案・指導 ●山本省三　撮影 ●林 均
モデル ●徳岡 茜

1

サンドイッチを作りますよ

ハム！ / パン！

● タオルハンカチの白2枚とピンク1枚を持ちます。

ねえ、見て見て！　なんだと思う？　これはパンとハムです。これでサンドイッチを作りますよ。

● リズミカルに節をつけて

サンドイッチ、サンドイッチ、パンとハムで作りましょ！

● 紙皿の上で、白の間にピンクが見えるように重ねます。

はい、ハムサンドのできあがり！

2

では、さっそく食べましょう。みんなも持って…。

● 子どもたちに、サンドイッチを持つまねをするよう促します。

せーの、いただきまーす！

● 食べるまねをしたら、ピンクをテーブルの下に隠し、黄色1枚を取り出します。

ハムサンド！

サンドイッチ作りましょ!

3

●タオルハンカチの白2枚と黄色1枚を見せます。

今度はなんのサンドイッチかな?
サンドイッチ、サンドイッチ、パンとチーズで作りましょ!

●1と同様に、白の間に黄色を重ねます。

チーズサンドのできあがり

はい、チーズサンドのできあがり!
さあ、みんなも持って…1、2の3!
いただきまーす!

●食べるまねをしたら、黄色をテーブルの下に隠し、黄緑色1枚を出します。

4

●タオルハンカチの白2枚と黄緑色1枚を見せます。

次はなんのサンドイッチかな?
サンドイッチ、サンドイッチ、パンとレタスで作りましょ!

レタスサンド!!

●1と同様に、白の間に黄緑色を重ねます。

はい、レタスサンドのできあがり!
さあ、みんなもいっしょに…。
いただきまーす!

食べるの大好きシアター

5

● タオルハンカチの白2枚と黄緑色、ピンク、黄色各1枚を手に持って見せます。

さあ、今度はみんな挟んじゃおうっと！
サンドイッチ、サンドイッチ、パンとレタスとハムとチーズで作りましょ！

● 紙皿の上で、白の間に黄緑色、ピンク、黄色が少しずつ見えるように重ねます。

みんな挟んじゃおうっと！

はい、レタスハムチーズサンドのできあがり！　たくさん挟んで、とってもおいしそう。では、いただきまーす！

● 子どもたちに見せて、いっしょに食べるまねをします。

6

でもこれをね、くるっと巻いたら…。

● 5枚重ねたタオルを巻きます。

ほらほら見て！　ロールサンド。

● 巻いた上にボンテンを貼り付けます。

プチトマトを載せたら、ロールサンドケーキのできあがり！　おいしそうだね。さあ、みんなもいっしょに！　せーの、いただきまーす！

● みんなで食べるまねをします。

ほらほら見て！ロールサンド

いただきまーす！！

おしまい

食べるの大好きシアター

うちわシアター

作り方 P110 / 型紙 P121

フライパンでなにができるかな?

**卵や魚を焼くとおいしい料理に変身!
子どもたちの好きな食べ物でアレンジしてもよいですね。**

案・指導 ●島田明美　撮影 ●林 均
モデル ●城品萌音

1

これからお料理をします

●フライパンを持ち、エプロンのポケットに、卵を入れておきます。

これからフライパンでお料理をします。さあ、なにができるかな?

2

●卵をポケットから取り出して、切り込み部分を押さえて持ちます。

ジャーン! これなーんだ?

●子どもたちが「卵」と答えたら

当たり! さてさて、この卵を…。

●切り込みが下になるように卵を持ち替えて、フライパンの縁にぶつけるしぐさをします。

コンコンコン。

3

●卵の切り込みが開くように持ちます。
パカッ。

●卵のからをポケットに戻し、フライパンを裏返します。卵を焼くまねをしながら
ジュージュー、ジュージュー。
なにができたかな？

ジュージュー

4

ハイ！
目玉焼きになりました

●子どもたちが「目玉焼き」と答えたら
ハイ！　目玉焼きになりました。

5 ●魚のフライパンに持ち替えます。
今度はなんだと思う？

●子どもたちが「お魚」と答えたら
当たり！　みんなも大好きなお魚です。
このお魚をフライパンで…。

●魚を焼くまねをしながら
ジュージュー、ジュージュー。

フライパンでなにができるかな？

6

そろそろ焼けたかな？

●フライパンを裏返します。

よく焼けておいしそう〜。
ちょっと味見をしてみよう。

> よく焼けて
> おいしそう〜

7

パクッ

●魚を食べるまねをします。

パクッ。モグモグモグ、おいしいなあ。
もうちょっと食べちゃえ！
モグモグモグ…。

8

あ〜、おなかいっぱい。
全部食べちゃった。

●魚のしっぽを外して引っ張ります。

わあ！
お魚が骨だけになっちゃった！
ごちそうさまでした。

> 骨だけに
> なっちゃった！

食べるの大好きシアター

おしまい

食べるの大好きシアター

ハンカチシアター

作り方 P110

おいしいハンカチ

1枚のハンカチがいろいろな物に大変身！
バスの中など、ちょっとした時間にも楽しめます。

案・指導 ● しばはら・ち　撮影 ● 林　均
モデル ● 熊谷夕子

1

「おいしいハンカチ」だよ

● ハンカチを取り出します。

(保育者) ジャーン。
これ、な〜んだ？

● 子どもたちが「ハンカチ！」と答えたら

(保育者) そう、これは
「おいしいハンカチ」だよ。

2

バナナ

● 「作り方」ページを参照し、ハンカチでバナナを
作ります。

(保育者) ほら、こうやって折ると…おいしい
バナナに変身！
バナナを持って森へ出かけましょう。

おいしいハンカチ

3

!ウッキー!

保育者 ランラ　ランラ　ラン♪
森に着くとさるくんに会いました。

●ハンカチを持った手を後ろに隠し、さるのまねをします。

さる ウッキー。おなかがすいた　ウキ。
なにかちょうだい　ウキ。

●ハンカチの外側の4枚を下に降ろします。

保育者 はい、どうぞ。
バナナの皮をむいてあげました。

さる キャッキャッ、うれしいな。
おいしいな。

保育者 さるくんは大喜び。

ポイント①
右手でハンカチの四隅を開く。

4

保育者 そこへみつばちくんがやって来ました。

●みつばちの羽のように手を動かします。

みつばち ブーン！　おなかがすいた　ブンブン。
ぼくにもなにか、ちょうだいな　ブン。

●ハンカチを動かして、バナナをお花に変えます。

保育者 はい、どうぞ。おいしい蜜がたっぷりのお花をあげました。

みつばち ブンブン、うれしいブン。

保育者 みつばちくんも大喜びです。

ポイント②
左手で持っている部分を右手に持ち替え、左手を上の方へ動かす。バナナの先端を少し押さえて丸くする。

お花

食べるの大好きシアター

5

保育者 ねこちゃんがやって来ました。

●ねこのまねをします。

ねこ ニャン！ おなかがすいたニャー。わたしにもなにか、ちょうだいニャン。

●ハンカチの下を折り込み、横に向けて、お花をお魚に変えます。

保育者 はい、どうぞ。
ねこちゃんにお魚をあげました。

ねこ うれしいニャン！

保育者 ねこちゃんは喜びました。

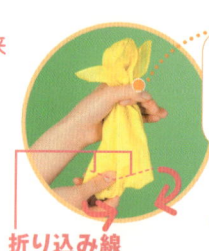

ポイント ３
右手でお花の下部を折り込み、魚の顔の形に整える。

折り込み線

お魚

6

ポイント ４
もとの向きに戻し、外側のヒラヒラしたハンカチの四隅を、左手の中に入れ込む。先端を少し押さえて丸くする。

保育者 今度はみんなに
おいしい物をあげますよ。
冷たくておいしい物な〜んだ？

●子どもたちが「かき氷！」「アイス！」などと答えたら、ハンカチの向きを戻し、上部の形を整えて、お魚をアイスにします。

保育者 そう！ おいしいアイスです。はい、どうぞ。

おいしいアイスです。
はい、どうぞ

アイス

おしまい

食べるの大好きシアター

カラータイツ シアター

作り方 P110

はらぺこへびくん

へびくんの体は、伸び縮みするカラータイツで作ります。
スポンジを食べ物に見立てて、子どもとのかけ合いを楽しみながら演じましょう。

案・製作 ● 石倉ヒロユキ　撮影 ● 正木達郎
モデル ● 新井田真澄

1

ぼく、へびくん!!

● へびに手を入れ、親指は顔の下半分に、ほかの指は顔の上半分に入れて動かします。「舌」は人さし指にさし込みます。

へび こんにちは！
ぼく、へびくん!!
おなかがペコペコなんだよ～。

2

● スポンジを手に持ちます。

へび あれ、こんなところにおいしそうなものがあるよ。

食べるの大好きシアター

3

ペロペロ！

●舌で味見をするように指を動かします。

 へび ペロペロ。この味はもしかして…。

ムシャムシャ！

●スポンジをくわえます。

 へび ムシャムシャ。おいしい！オレンジだ!!

●くわえたスポンジは、そのまま引っぱり込むようにして、へびのおなかに入れます。

4

●あらかじめ、見ている子どもの手にスポンジを持たせておきます。

 へび まだまだ、おなかがペコペコだなあ…。

●子どもたちを見回しながら

 へび あれ！ あれあれ！ そこにもおいしそうなものがあるぞー。

はらぺこへびくん

5
- 子どもの持っているスポンジにへびを近づけて

へび ペロペロ、こりゃなんの味だ?

- スポンジを持っている子どもに「○ちゃん、なんの味かな?」などと尋ねてみましょう。

6
ボクの大好物!!

へび そうか、メロンだ！ぼくの大好物!!　ムシャムシャ。

- 子どもの持っているスポンジを食べるしぐさをします。へびのおなかが膨れるように、スポンジを引き込みましょう。これを繰り返します。

いろいろなスポンジを用意

- 形や色のバリエーションを多くしておけば、子どもの想像もぐっと広がります。

7
おなかがいっぱいだよ～

- へびの膨れたおなかを強調しながら

へび ほーら！　なんでも食べるから、おなかがいっぱいだよ～。みんなもたくさん食べてね!!

食べるの大好きシアター

おしまい

食べるの大好きシアター

帽子シアター

作り方 P111 / 型紙 P121

オムレツ作ろうよ！

卵を割るシーンやかき混ぜるシーンは、大げさに演じて、
子どもたちの興味を引きつけましょう。

案・指導・製作 ●山本省三　撮影 ●林 均
モデル ●立花 緑

1

みんなが大好きなオムレツを作りましょう

●机の上に、ボウル、フライパン、お皿を用意し、エプロンのポケットにケチャップを入れておきます。

さあ、きょうはみんなが大好きなオムレツを作りましょう。

●卵を右手に持ちながら

卵を割りますよ。
上手に割れるかな？

2

●卵をボウルのふちに打ちつけ、割ります。

コンコン、パカ！

●生卵をボウルの中に落とします。

白身と黄身がこんにちは。
トローリ、トロンとこんにちは。

コンコン

トローリ

オムレツ作ろうよ！

3

ハックション！

●塩とコショウの瓶を振るしぐさをします。

塩とコショウをパッパッパ！　ハッハッ、ハックション！
くしゃみがクシュン！

4

シャッシャッ…

●ボウルを持ちながら、2本指でボウルの中の卵をかき混ぜるまねをします。

おはしでおはしで、シャッシャッシャッ。かき混ぜ、混ぜ混ぜ、シャッシャッシャッ。

食べるの大好きシアター

5

バターを
塗り塗り

● ボウルを置いて、フライパンを持ち、バターを塗るまねをします。

フライパン、フライパン、バターを塗り塗り。

6

● 黄色の帽子で生卵を隠すように包んでからフライパンに載せ、全体に広がったように見せます。

卵をジュージュー。焼きましょう、焼きましょう、ジュージュージュー。

ジュー！

7

トントン

● フライパンを振りながら、手をフライ返しに見立て、半分に畳みながらオムレツの形に整えます。

トントン、シャカシャカ、オムレツ、オムレツ、オムレツの形になあれ！

オムレツ作ろうよ！

8

ポン

トロ…

できました！

食べるの大好きシアター

●オムレツをお皿に載せて、ポケットからケチャップを出してかけます。

お皿にポン！　オムレツ、オムレツ、ケチャップトロっ。
はーい、おいしいオムレツ、できました！

おしまい

食べるの大好きシアター

紙パックシアター

作り方 P111
型紙 P122

パクパクパックン

おなかをすかせたパックンに、食べられる物を教えてあげましょう。
生クリームのパックと牛乳パックの大きさの違いを利用したシアターです。

案・指導 ● 頭金多絵　製作 ● いとう・なつこ　撮影 ● 林　均
モデル ● 鈴木貴子

1

なにか食べる物は
ないかなあ…

●ポケットにカードを入れ、パックン（小）を持ちます。
　パックン（大）と布は机の下に隠しておきます。

（パックン）みんな、おはよう。ぼくはパックン。
おなかがすいたなあ～。
なにか食べる物はないかなあ…。

パクパクパックン

2
● おにぎりカードを取り出して子どもたちに見せます。

(パックン) あ！
これは食べられるかな？

(保育者) これはなにかな？
おいしい物かな？

● 子どもたちが「おにぎり！ おいしいよ」などと答えたら

> これはなにかな？
> おいしい物かな？

パクパクパックン

(パックン) わーい。おにぎり、いただきます。
パクパクパックン。
う〜ん、でもまだまだ足りないなあ。

● パックンの口にカードを入れます。

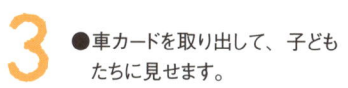

3
● 車カードを取り出して、子どもたちに見せます。

(パックン) あ、これはなに？

● 子どもたちが「車」と答えたら

(パックン) 車はおいしい？

● 子どもたちが「おいしくないよ！ 食べちゃだめ!!」などと答えたら

(パックン) そっか…。食べられる物ではないのかあ…。

● 車カードをポケットに入れます。

> 車はおいしい？

食べるの大好きシアター

4

(じゃあ、これは?)

保育者 パックンに食べられる物を教えてあげよう!

● バナナカードを取り出します。

保育者 じゃあ、これは?
食べられるかな?

● 子どもたちが「バナナ」「食べてもいいよ」などと答えたら

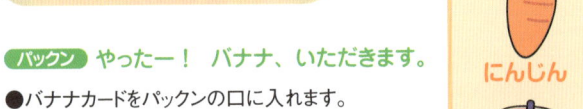

パックン やったー! バナナ、いただきます。

● バナナカードをパックンの口に入れます。

パックン パクパクパックン。
でも、やっぱりまだ足りないなあ。

● いろいろなカードを見せて、やりとりを繰り返します。

いろいろなカード

- にんじん
- おもち
- こま
- ハンバーグ

5

(眠くなっちゃった)

パックン ふあーあ、おなかがいっぱいで眠くなっちゃった。おやすみなさい。

● パックンを横にして、布をかけ、布団に見立てます。

パックン グーグー、スースー…。

(先生も眠くなっちゃった)

保育者 パックン、寝ちゃったね。
なんだか先生も眠くなっちゃった。
いっしょに寝ようか。

● 寝るまねをしながら、子どもたちが目をつぶっている間に、パックン(小)をパックン(大)に入れ替えます。

パクパクパックン

6

わあ！パックンが大きくなってる〜！

保育者 みんな、おはよう。朝ですよー。あれ？　パックンたらまだ寝てる…。みんなで起こしてあげよう！　せーのっ！

子どもたち パックン、おはよう―!!

● 布を取り、パックン（大）を立たせる。

保育者 わあ！　パックンが大きくなってる〜！

パックン ううーん…。よく寝た〜。みんな、おはよう！

7

いっぱい食べたら大きくなれるね

パックン たくさん寝たら、またおなかがすいちゃった…。でも、もう自分で食べ物を探せるから大丈夫！じゃあ、行ってきます！

● パックン（大）を机の下に隠します。

保育者 パックンが大きくなってびっくりしたね。みんなも、いっぱい食べたら大きくなれるね。

食べるの大好きシアター

おしまい

お話のシアター
カラー手袋シアター

作り方 P111
型紙 P123

春のうきうきお散歩

カラー手袋をいろいろな物に変化させ、子どもたちを驚かせましょう。
いぬのコロが春を見つけてうきうきする様子をていねいに伝えます。

案・指導・製作 ● 山本省三　撮影 ● 林　均
モデル ● 城品萌音

1

もう春だね

●カラー手袋をはめ、手を重ねて前へ出します。子どもたちには右手の手のひらが見えるようにして振ります。

（保育者）みんな、もう春だね。ぽかぽかあったかい！ ほら、お散歩に行きたい子がいるよ！

2

●左手を握って親指を突き出し、手の甲のいぬのコロを見せます。右手は後ろに隠します。

（コロ）ワンワン、それはぼく。いぬのコロだよ。お散歩、お散歩、楽しいな、ワン！

●左手を揺らして歩くしぐさをします。

ワンワン

春のうきうきお散歩

3

クンクン

●右手を握って前に出します。コロの鼻を近づけてにおいをかぐように動かします。

`コロ` クンクン。
いいにおいがするよ、ワンワン。

いいにおいがするよ

4

●右手を広げます。

`保育者` パッ！
たんぽぽが咲きました。

`コロ` ワンワン、きれいだなあ。

きれいだなあ

5

●両手の手のひらを見せながら手首を合わせ、指をヒラヒラさせます。

`保育者` ヒラヒラヒラ、お花が咲いたのでちょうちょうがやってきましたよ。

●いったん、両手を後ろに隠します。

お話のシアター

6

●左手をコロに戻して出し、走るように動かします。

 コロ たんぽぽが咲いて、ちょうちょうが飛んで、春ってぽかぽか気持ちがいいね。

7

こんにちは

●右手を握って、手の甲のひよこを出します。

 ひよこ ピヨピヨピヨ、こんにちは。

 コロ あ、ひよこさんだ！ ワンワン、ぼくコロだよ。

 ひよこ ピヨピヨ、コロちゃん、遊ぼうよ。

 コロ わーい、お友達ができてうれしいな。ワン！

●喜ぶように動かします。

おしまい

お話のシアター カラー手袋シアター

作り方 P111

うさぎさんの大好きなもの!

**カラー手袋で作ったうさぎの兄弟とママ。
指を大きく動かして演じてみましょう。**

案・指導・製作 ● いしかわ☆まりこ　撮影 ● 正木達郎
モデル ● 山口智美

1

こんにちは！

● 右手にカラー手袋をはめ、人さし指を立てて

保育者 みんなー、こんにちは。きょうは、うさぎさんといっしょに遊ぼうね。1匹目のうさぎさんの大好きな物はなんでしょう?

2

うさぎ① お花が大好き!

● 親指を開いて立て、人さし指を近づけて

うさぎ① クンクン、クンクン。あーいいにおい。

クンクンクンクン！

お話のシアター

3

ピョンピョン！
ピョンピョン！

●中指を立てて

(保育者) 2匹目のうさぎさんは…？

(うさぎ②) 跳ねるのが大好き！

●中指を曲げて、跳ねている様子を表現します。

(うさぎ②) ピョンピョン、ピョンピョン！あー楽しい。

4

●薬指を立てて

(保育者) 3匹目のうさぎさんは、なにが好きかな？みんななんだと思う？　わかるかな？

5

ラララ〜♪　ラララ〜♪

●小指を開いて立てます。

(保育者) 3匹目のうさぎさんは、うたうのが大好き！さあ、マイクをどうぞ！

(うさぎ③) ラララ〜、ラララ〜、ラララララ〜♪あー、いい気分。

うさぎさんの大好きなもの！

6

保育者 うさぎさんたちの好きな物がわかりましたね。でも、みんなが一番好きなのは…せーの！

うさぎたち ママー！

●左手の指人形を出して

ママ はーい！

（ママー！　はーい！）

7

保育者 ママからは、みんなが大好きなにんじんをプレゼント！

●右手でエプロンのポケットからにんじんを取り出します。

うさぎたち ムシャムシャムシャムシャ、あー、おいしい！

（ムシャムシャ）

8

うさぎさんに教えてね！

●両手を胸の前に出して、子どもたちにうさぎの顔を見せながら

保育者 みんなが大好きな物はなにかな？うさぎさんに教えてね！

おしまい

お話のシアター

お話のシアター　手袋シアター
作り方 P112　型紙 P124

歯みがきシュッシュカ

歯みがきの大切さを伝えましょう。子どもたちといっしょに
「シュッシュカ、シュッシュ」とかけ声をかけながら行ってもいいですね。

案・指導・製作 ●山本省三　撮影 ●林 均
モデル ●木下彩香

1

おなか
ぺこぺこ

- 左手にうさぎのハネタをはめておきます。

(保育者) こんにちは！ うさぎのハネタくんを紹介します。

- ハネタをパクパクさせながら

(ハネタ) ハネタです、よろしく！
ああ、おなかぺこぺこ。
食べ物ちょーだい。

2

- 右手で、エプロンのポケットから、にんじん、レタス、トマトを出して、ハネタに食べさせます。

(保育者) はい、どうぞ。

(ハネタ) カリカリ、パリパリ、ムシャムシャ、おいしいなあ。

カリカリ
パリパリ

歯みがきシュッシュカ

3

●ハネタがあくびをするようなしぐさをします。

(ハネタ) ファ〜、おなかがいっぱいになったら眠くなっちゃった。おやすみなさい。

●ハネタの目を貼り替えます。

歯みがきを
しなくて
いいのかな?

グウグウグウ…

(保育者) あらあら、食べたあとの歯みがきをしなくていいのかな?

(ハネタ) グウグウグウ…。

(保育者) あらあら、寝ちゃったね。大丈夫かなあ。

4 大丈夫じゃないぜ!

●手を開いて、バイキンを見せます。

(バイキン) 大丈夫じゃないぜ。おいらは口の中のバイキンだい。食べ物のかすを使って歯を溶かし、虫歯を作ってやるぞ。

(保育者) たいへん! みんな、ハネタくんを起こしてあげようよ。1、2の3で「ハネタくーん」って呼ぼうね。

お話のシアター

5

（保育者）1、2の3！

（子どもたち）ハネタくーん！

●ハネタの目を貼り替えます。

（ハネタ）う〜ん、なにか用？

（保育者）口の中でバイキンが大暴れしているよ。虫歯を作るって！

（ハネタ）ええっ!?　歯みがきしなくちゃ！みんな、起こしてくれてありがとう。

6

シュッシュカ、シュッシュッ

●エプロンから歯ブラシを取り出し、ハネタの歯をみがくしぐさをします。

（ハネタ）シュッシュカ、シュッシュッ、歯をみがこう。

歯みがきシュッシュカ

7

- ●手を開き、歯ブラシでバイキンをみがく ようにします。

(ハネタ) シュッシュカ、シュッシュ、シュッシュッシュッシュ。

(バイキン) うわあ、助けてえ！

- ●開いた手を震わせながら、歯ブラシで バイキンをはがし落とします。

8

- ●ハネタにコップを近づけて、口をゆすぐしぐさを します。

(ハネタ) ブクブクブク、ペッ。

9

みんなもね、約束よ！

(ハネタ) これでバイキンもいなくなったね。歯みがき、忘れないでしようっと！

(保育者) みんなもね、約束よ！

おしまい

お話のシアター

うちわシアター

作り方 P112 型紙 P125

お星様のお友達出ておいで

星に興味を持ち始めた子どもたちにぴったりのかわいいお話。
2本のうちわを使ったしかけが楽しいシアターです。

案・指導・製作 ● いしかわ☆まりこ　撮影 ● 林　均
モデル ● 城品萌音

1

夜に
なりました

● うちわを2本まとめて持ち、1本目の表面を見せます。

保育者　夜になりました。

2

● うちわを裏返し、2本目の表面を見せ、少し高くあげます。

保育者　あ！　お星様が出てきましたよ。

あ！　お星様が出てきましたよ

お星様のお友達出ておいで

3

●うちわを耳のそばに寄せます。

[保育者] あれ！ お星様が近づいて来たよ。お話があるみたい。なになに…？

[星①] ひとりぼっちは寂しいな。

「なになに…？」

「ひとりぼっちは寂しいな」

4

[保育者] よーし、お星様にお友達を呼んであげよう！ お星様のお友達、出ておいで！ う〜ん、まだ聞こえないみたい。みんなも大きな声で呼んであげよう。

「お友達を呼んであげよう！」

5

「お星様がたくさん飛んで来たよ！」

[子どもたち] お星様のお友達、出ておいでー!!

●ポケットから、星形の紙吹雪を出し、うちわで下から上にあおいで飛ばします。

[保育者] キラキラキラ。お星様がたくさん飛んで来たよ！

お話のシアター

6

「みんなの声が
聞こえたみたい」

●2本目を右手で、1本目を左手で持ち、少しずつずらしながら

(保育者) みんなの声が聞こえたみたい。

「はじめまして」　「遊びに来ちゃった」

●2つの星が見えるくらいで止めます。

(星②) みんなの声が聞こえたから、遊びに来ちゃった。

(星①) はじめまして。仲よくしてね。

7

(星②) いっしょに遊ぼうと思って、お友達をたくさん連れて来たよ！

●2本のうちわを広げて、じゃばら部分をしっかり見せます。

(星①) わーい！　うれしいな。みんなで遊ぼう！　お友達を呼んでくれて、どうもありがとう！

●うちわを動かしながら、みんなで「きらきらぼし」（作詞：武鹿悦子　フランス民謡）をうたいます。

おしまい

お話のシアター　　靴下シアター　　作り方 P112　型紙 P126

おしくらまんじゅう ぎゅっ ぎゅっ ぎゅっ

「おしくらまんじゅう」をするきつねくんとうさぎちゃんの動きを、
腕や手首をうまく使って、いきいきと表現しましょう。

案・指導・製作●山本省三　撮影●正木達郎
モデル●山口智美

1

●右手にうさぎ、左手にきつねのパペットをはめて登場します。

保育者 みんな、かわいいうさぎちゃんときつねくんのお話が始まるよ！

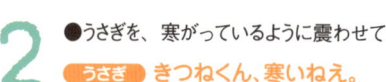

うさぎ　きつね

2

●うさぎを、寒がっているように震わせて

うさぎ きつねくん、寒いねえ。

●きつねも震わせて

きつね 本当に、寒いよねえ。うさぎちゃん。

●きつねを跳ねるように動かしながら

きつね そうだ、おしくらまんじゅうをしよう！

●うさぎときつねの背中を、互いに押しつけ合うようにして

うさぎ いいね。しよう、しよう。

お話のシアター

3

●きつねとうさぎを、背中と背中で押し合うようにしながら、左右に行ったり来たりさせて

（きつね・うさぎ）おしくらまんじゅう　おされてなくな♪

おしくらまんじゅう♪

おされてなくな♪

4

●きつねをうさぎに強く押しつけ、うさぎの背中に乗る格好にして

（きつね）おしくらまんじゅう　おされてなくな♪

●うさぎを痛がっているように動かして

（うさぎ）もう押さないで！

●それでも、きつねをうさぎに押しつけ続けます。

（きつね）おしくらまんじゅう　おされてなくな♪

もう押さないで！

♪おしくらまんじゅう　おされてなくな

5

うわ〜ん

やめてって言ってるのに〜

●うさぎの口をパクパクさせながら、悲しい表情と声で

（うさぎ）うわ〜ん、やめてって言ってるのに〜。うわ〜ん。

おしくらまんじゅう ぎゅっ ぎゅっ ぎゅっ

6

●きつねを、ハッと気づいたように動かして

(きつね) おしくらまんじゅう…あっ、本当に泣いちゃった。ごめんね、うさぎちゃん。
そうだ、ぼく、おやつを持ってきてたんだ！

> ごめんね、うさぎちゃん

7

●まんじゅうを2つ貼った葉っぱのお皿を、きつねの口に挟んで机の上に出します。

(きつね) はい、どうぞ、うさぎちゃん。

(うさぎ) わあ、おしくらまんじゅうじゃなくて、本当のおまんじゅうだね。

> 本当のおまんじゅうだね

> はい、どうぞ

8

●きつねとうさぎをうれしそうに跳ねさせながら

(きつね・うさぎ) いただきまーす。

●きつねとうさぎの口に、それぞれまんじゅうを挟んで

(きつね・うさぎ) おいしいおまんじゅうを食べたら、ニコニコ、仲直り！

> いただきまーす

お話のシアター

おしまい

お話のシアター

カラー手袋シアター

作り方 P112
型紙 P127

さるくんのバナナ

さるのウッキーがバナナを取ろうと木に登ると…?
かわいい手袋人形に、子どもたちも大喜びです。

案・指導●浅野ななみ 製作●つかさみほ 撮影●林 均
モデル●池田裕子

1

♪おいしい きいろい バナナ

● 壁に木を貼り、葉の間にハンカチ、帽子、バナナを挟みます（黄色い色が少し見える程度）。さるのウッキーを手にはめて登場。

ウッキー ぼく、ウッキー。バナナがだ〜い好き。黄色い皮をむいて、パクッと食べると、おいしいよね。

● ウッキーを揺らしながらうたいます。

♪バナナ バナナ おいしい きいろい バナナ

ウッキー あー、なんだかバナナが食べたくなっちゃった…。

2

● 木を見上げて

ウッキー あっ！ あの黄色いのはバナナかな？ よーし、登って取ってこよう！

102

さるくんのバナナ

3

●ウッキーを木登りするように動かし、葉の間から黄色い物を取ります。

(ウッキー) よいしょ、よいしょ…ほいっ！

よいしょ よいしょ

(ウッキー) あれ？ バナナだと思ったら黄色いハンカチだ。残念！ でも、とってもすてきなハンカチだから、ポケットにしまおうっと。

●ウッキーのポケットにハンカチを入れます。

ハンカチだ

4

●再び木を見上げて

(ウッキー) あっ！ あそこにも黄色い物がある。きっとバナナだよね。登って取ってこよう。

(保育者) みんなも、「よいしょ、よいしょ」って応援してね！

●ウッキーを木登りするように動かします。

(子どもたち) よいしょ、よいしょ、よいしょ…。

お話のシアター

5

「帽子だ」

●葉の間から黄色い物を取って

(ウッキー) ほいっ！ あれー、バナナだと思ったら黄色い帽子だ！ でも、かわいい帽子だから、かぶっちゃおう。

●ウッキーに帽子をかぶせます。

6

●木を見上げて

(ウッキー) あーっ、また黄色い物が見えるよ。今度こそバナナかな？

(保育者) みんなも、また「よいしょ、よいしょ」って応援してね！

●ウッキーを木登りするように動かします。

(子どもたち) よいしょ、よいしょ、よいしょ…。

さるくんのバナナ

7

ほいっ！
バナダ

●葉の間から黄色い物を取って

（ウッキー） ほいっ！ わーい、バナナだ。やったー!!

8

●ウッキーを木から降ろし、バナナを広げて

（ウッキー） わあ、1本だと思ったら、こんなにたくさんあったんだ！

●ウッキーを揺らしながらうたいます。

♪バナナ　バナナ　おいしい
　きいろいバナナ

（ウッキー） バナナがいっぱい、うれしいな。いただきま〜す！

おしまい

お話のシアター

♪バナナのうた　　　　　　　　作詞・作曲／浅野ななみ

バナナ　バナナ　おいしいきいろい　バナナ

作り方

作り方 P000 のマークが付いているシアターの作り方コーナーです。P113〜の型紙もあわせてお使いください。

作り方イラスト ● 宇田川幸子、Office Amiami、河合美穂、シダエリ、内藤和美、みつき

P.6　お誕生日おめでとう

型紙 P113

材料 色画用紙、B3サイズの画用紙

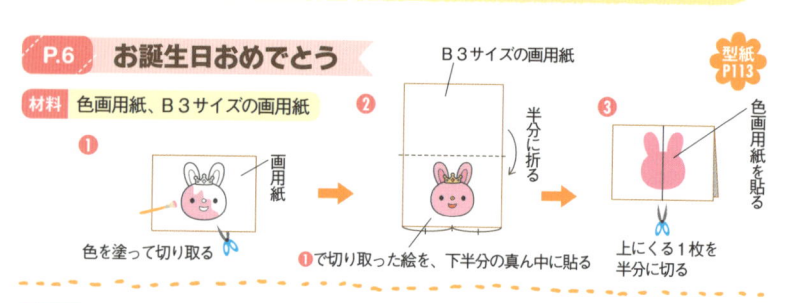

❶ 色を塗って切り取る　画用紙

❷ B3サイズの画用紙　半分に折る　❶で切り取った絵を、下半分の真ん中に貼る

❸ 色画用紙を貼る　上にくる1枚を半分に切る

P.9　コケコッコママからのおめでとう！

型紙 P114

材料 色画用紙、画用紙、紙テープ、輪ゴム

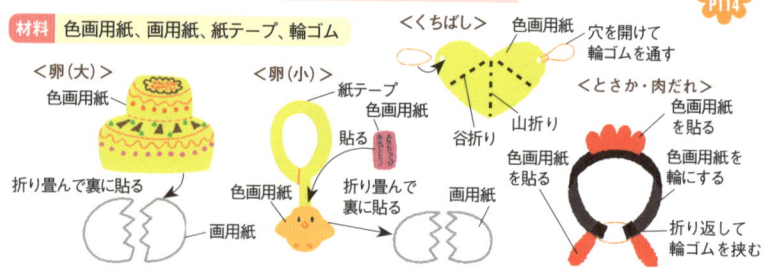

<卵（大）>
色画用紙
折り畳んで裏に貼る
画用紙

<卵（小）>
紙テープ
色画用紙
貼る
色画用紙
折り畳んで裏に貼る
画用紙

<くちばし>
色画用紙
穴を開けて輪ゴムを通す
谷折り　山折り
色画用紙を貼る

<とさか・肉だれ>
色画用紙を貼る
色画用紙を輪にする
折り返して輪ゴムを挟む

P.12　やぎさんのお誕生会

型紙 P115

材料 靴下（子ども用）、フェルト、綿、色画用紙、画用紙、リボン、キラキラした折り紙、丸シール

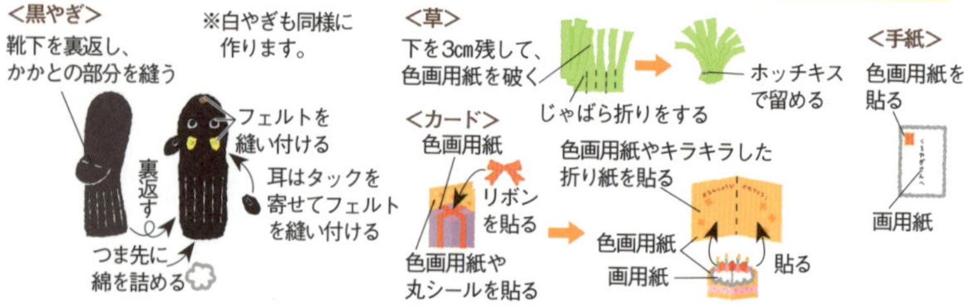

<黒やぎ>
靴下を裏返し、かかとの部分を縫う
※白やぎも同様に作ります。
裏返す
つま先に綿を詰める
フェルトを縫い付ける
耳はタックを寄せてフェルトを縫い付ける

<草>
下を3cm残して、色画用紙を破く
じゃばら折りをする
ホッチキスで留める

<カード>
色画用紙
リボンを貼る
色画用紙や丸シールを貼る
色画用紙やキラキラした折り紙を貼る
色画用紙　画用紙　貼る

<手紙>
色画用紙を貼る
画用紙

作り方

P.16 不思議なバースデーペーパー

材料 画用紙、ラップフィルムの芯、キラキラしたモール、紙吹雪

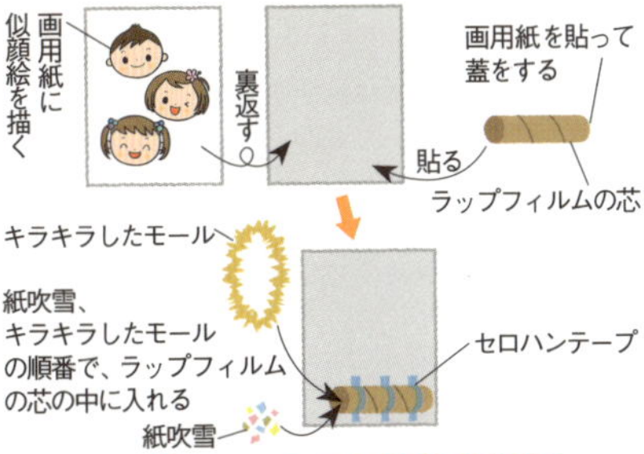

- 画用紙に似顔絵を描く
- 裏返す
- ラップフィルムの芯を貼る
- 画用紙を貼って蓋をする
- 紙吹雪、キラキラしたモールの順番で、ラップフィルムの芯の中に入れる
- セロハンテープ

P.21 波を切る!?

材料 色画用紙、画用紙、割りばし

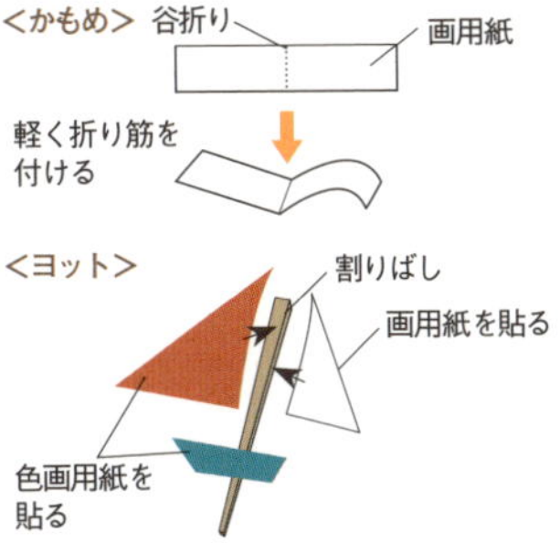

〈かもめ〉
- 谷折り
- 画用紙
- 軽く折り筋を付ける

〈ヨット〉
- 割りばし
- 画用紙を貼る
- 色画用紙を貼る

P.24 魔法の水

材料 紫キャベツ、水、酢、塩、合成洗剤

酢　　　　水：水100mlに酢
塩　　　　水：水100mlに塩
合成洗剤水：水100mlに合成洗剤
※各小さじ1杯程度

〈紫キャベツの色水〉
- 2重にしたポリ袋
- 小さくちぎった紫キャベツを水の中に入れる
- 5分くらいよくもむ
- 水が紫色になったら3つのコップに分けて入れる

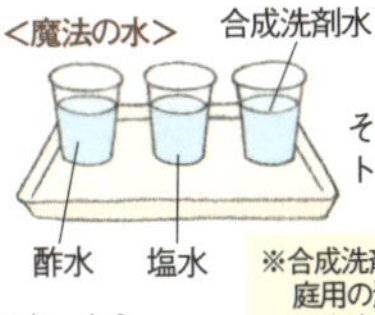

〈魔法の水〉
- 酢水、塩水、合成洗剤水
- それぞれコップに入れ、トレーに載せて布をかけておく

※合成洗剤は、漂白剤・洗浄剤・クレンザー以外の家庭用の液状合成洗剤で、液性はアルカリ性の物を使います(表記されている液性を確認してください)。
※洗剤同士は混ぜないこと。
※洗剤が目に入らないように気をつけてください。
※洗剤が手に付いたときはよく洗いましょう。

P.28 だ〜れだ？　型紙P116

材料 片面が白い段ボール板、割りばし、クリアファイル、色画用紙(または丸シール)、ビニールテープ

〈顔形〉
- 片面が白い段ボール板
- 割りばしを白いビニールテープで巻く
- 割りばしは割らずに、段ボールの層の部分にさし込む

〈動物の顔〉
- クリアファイル
- 色画用紙
- ビニールテープ

P.31 お客様はだあれ？

材料 ハンカチ、フェルト(または丸シール)

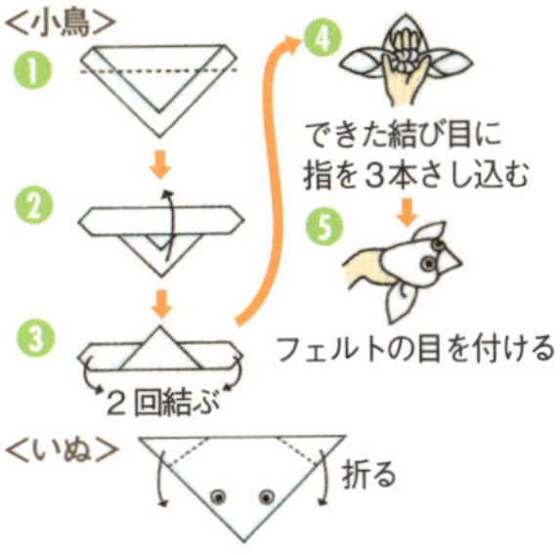

〈小鳥〉
1
2
3　2回結ぶ
4　できた結び目に指を3本さし込む
5　フェルトの目を付ける

〈いぬ〉
折る

P.38　誰かな、誰かな？

型紙 P117

材料 色画用紙、画用紙、洗濯ばさみ

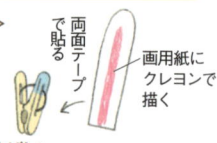

＜うさぎの耳＞
- 両面テープで貼る
- 画用紙にクレヨンで描く

＜あひるのくちばし＞
- 色画用紙
- くちばしの先を貼り合わせる
- 丸めたセロハンテープで貼る

＜ぶたのしっぽ＞
- 色画用紙
- 両面テープで貼る

＜あひるの子ども＞
- 色画用紙
- 両面テープで貼る
- 長めの洗濯ばさみ

P.44　たぬきちゃんの変身ペッポコポン！

※パーツは全てフェルトで作ります。

型紙 P118

材料 靴下、フェルト

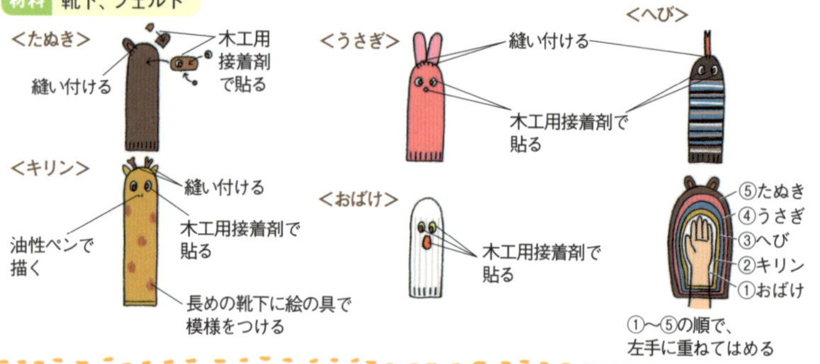

＜たぬき＞
- 縫い付ける
- 木工用接着剤で貼る

＜キリン＞
- 油性ペンで描く
- 縫い付ける
- 木工用接着剤で貼る
- 長めの靴下に絵の具で模様をつける

＜うさぎ＞
- 縫い付ける
- 木工用接着剤で貼る

＜おばけ＞
- 木工用接着剤で貼る

＜へび＞
- 縫い付ける

⑤たぬき
④うさぎ
③へび
②キリン
①おばけ

①〜⑤の順で、左手に重ねてはめる

P.48　♪たまごのうた

材料 カラー手袋、フェルト、ビーズ

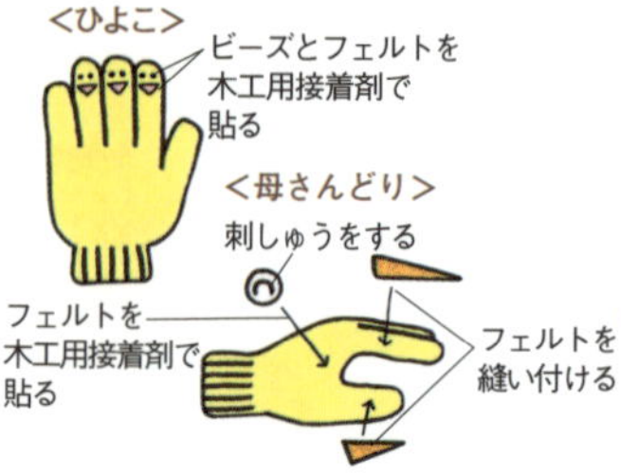

＜ひよこ＞
- ビーズとフェルトを木工用接着剤で貼る
- フェルトを木工用接着剤で貼る

＜母さんどり＞
- 刺しゅうをする
- フェルトを縫い付ける

P.50　♪かたつむり

材料 靴下、カラー手袋、綿、粘着性のある面ファスナー、画用紙、丸シール

- 靴下に綿を詰める
- クルクルと巻いて、縫って留める
- 画用紙に丸シールを貼った目玉を貼る
- 粘着性のある面ファスナーを貼る
- 手の甲の中心よりやや手首寄りに粘着性のある面ファスナーを貼る
- カラー手袋

108

作り方

P.52 ♪ぞうさん

材料 紙袋(大、小)、色画用紙、画用紙、傘袋、スズランテープ

※子ぞうは紙袋(小)で同様に作ります。目の表情は変えます。

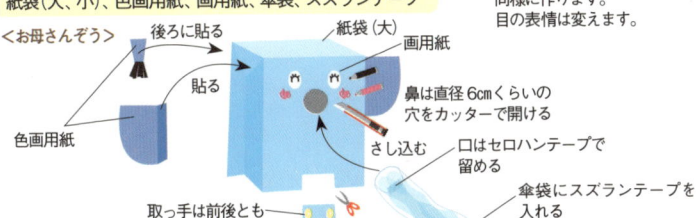

＜お母さんぞう＞
- 後ろに貼る
- 紙袋(大)
- 画用紙
- 色画用紙
- 貼る
- 鼻は直径6cmくらいの穴をカッターで開ける
- さし込む
- 口はセロハンテープで留める
- 傘袋にスズランテープを入れる
- 取っ手は前後とも切り取る

P.54 ♪ふしぎなポケット　型紙P119

材料 フェルト、布、ボタン、粘着性のある面ファスナー、色画用紙

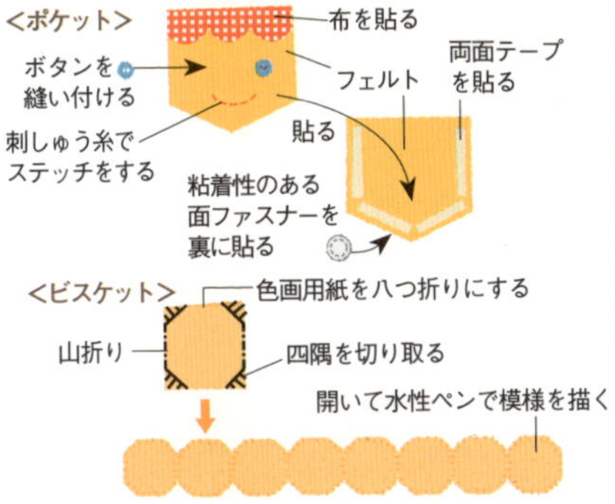

＜ポケット＞
- 布を貼る
- ボタンを縫い付ける
- フェルト
- 両面テープを貼る
- 刺しゅう糸でステッチをする
- 粘着性のある面ファスナーを裏に貼る
- 貼る

＜ビスケット＞
- 色画用紙を八つ折りにする
- 山折り
- 四隅を切り取る
- 開いて水性ペンで模様を描く

P.57 ♪こぶたぬきつねこ　型紙P119

材料 紙コップ、色画用紙、丸シール

※他の動物も同様に作ります。
- 色画用紙
- 丸シールを貼る
- 紙コップ
- 貼る

P.60 ♪あがりめ さがりめ　型紙P120

材料 Ａ３サイズの封筒、色画用紙、画用紙、割りピン、マチのある紙袋

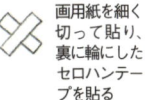

＜ねこ＞
- Ａ３サイズの封筒
- 色画用紙と画用紙で目を作り、割りピンで留める
- 色画用紙を内側に貼る
- 裏に貼る
- 色画用紙
- 切り抜く
- 色画用紙

＜いぬ＞
- 色画用紙を貼る
- 色画用紙を貼る
- 色画用紙と画用紙で目を作り、割りピンで留める
- マチのある紙袋

＜魚＞
- 色画用紙に色鉛筆で模様を描く

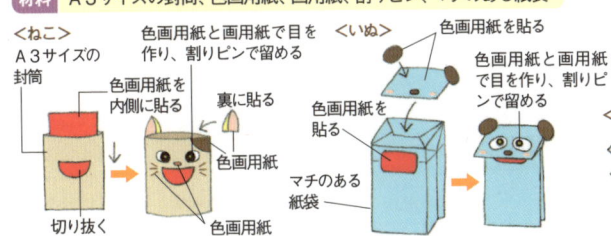

＜ばんそうこう＞
- 画用紙を細く切って貼り、裏に輪にしたセロハンテープを貼る

P.63 ♪ぞうさんのぼうし

型紙 P121

材料 台所用スポンジ、丸シール、リボン、発泡スチロール容器、ビニールテープ、カラー工作用紙、ひも、色画用紙、段ボール板、靴下（ぞうの鼻）

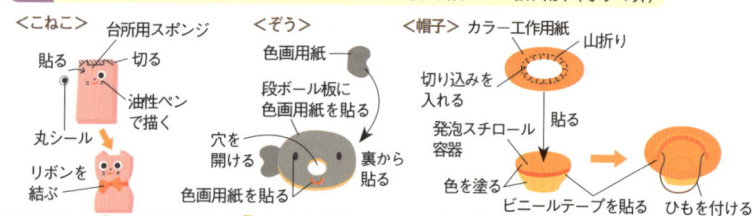

＜こねこ＞ 台所用スポンジ
- 貼る
- 切る
- 油性ペンで描く
- 丸シール
- リボンを結ぶ

＜ぞう＞
- 色画用紙
- 段ボール板に色画用紙を貼る
- 穴を開ける
- 色画用紙を貼る
- 裏から貼る

＜帽子＞ カラー工作用紙
- 山折り
- 切り込みを入れる
- 発泡スチロール容器
- 貼る
- 色を塗る
- ビニールテープを貼る
- ひもを付ける

P.69 フライパンでなにができるかな？

型紙 P121

材料 画用紙、色画用紙、うちわ

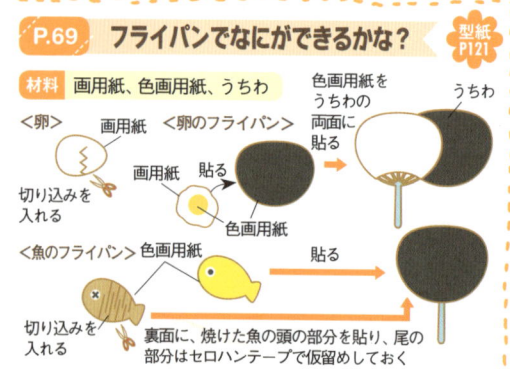

＜卵＞ 画用紙
- 切り込みを入れる

＜卵のフライパン＞ 画用紙
- 貼る
- 色画用紙

色画用紙をうちわの両面に貼る → うちわ

＜魚のフライパン＞ 色画用紙
- 切り込みを入れる
- 裏面に、焼けた魚の頭の部分を貼り、尾の部分はセロハンテープで仮留めしておく
- 貼る

P.72 おいしいハンカチ

材料 ハンカチ

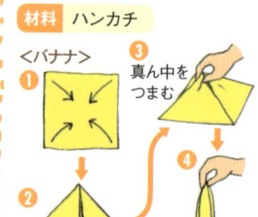

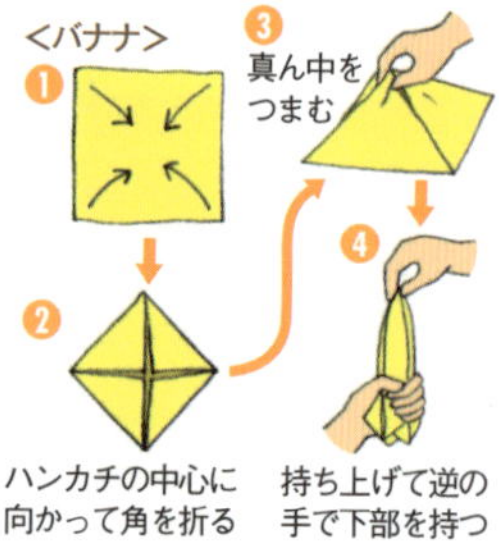

＜バナナ＞
①
② ハンカチの中心に向かって角を折る
③ 真ん中をつまむ
④ 持ち上げて逆の手で下部を持つ

P.75 はらぺこへびくん

材料 カラータイツ（またはレギンス）、画用紙、色画用紙、スポンジ

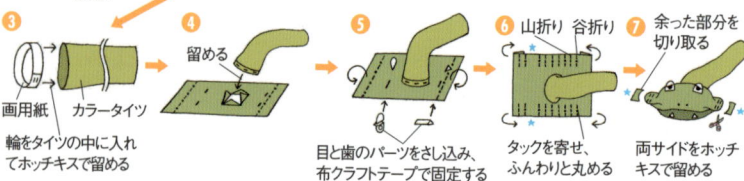

用意しておくパーツ

＜目＞
- 描く
- 折る
- これを2つ作る
- 画用紙

＜胴体＞
- カラータイツ

＜歯＞
- 折る
- これを2つ作る
- 画用紙

＜舌＞
- 色画用紙を筒状に巻いて切る

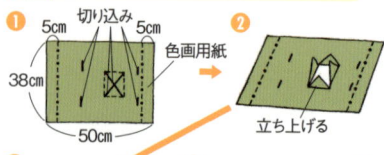

① 5cm 切り込み 5cm / 38cm / 50cm / 色画用紙
② 立ち上げる
③ 画用紙 カラータイツ 輪をタイツの中に入れてホッチキスで留める
④ 留める
⑤ 目と歯のパーツをさし込み、布クラフトテープで固定する
⑥ 山折り 谷折り タックを寄せ、ふんわりと丸める
⑦ 余った部分を切り取る 両サイドをホッチキスで留める

作り方

P.78 オムレツ作ろうよ！ 型紙 P121

材料 カラー帽子、園帽、毛糸、段ボール板、色画用紙、フェルト、カプセル容器、ビニール袋、ビニールテープ

<ケチャップ>
毛糸

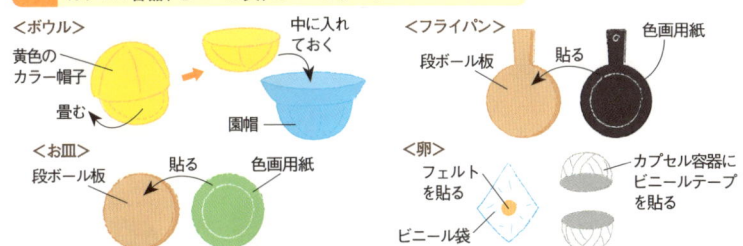

<ボウル>
- 黄色のカラー帽子
- 畳む
- 中に入れておく
- 園帽

<フライパン>
- 段ボール板
- 貼る
- 色画用紙

<お皿>
- 段ボール板
- 貼る
- 色画用紙

<卵>
- フェルトを貼る
- ビニール袋
- カプセル容器にビニールテープを貼る

P.82 パクパクパックン 型紙 P122

材料 生クリームのパック、牛乳パック、色画用紙、包装紙、画用紙、クリップ

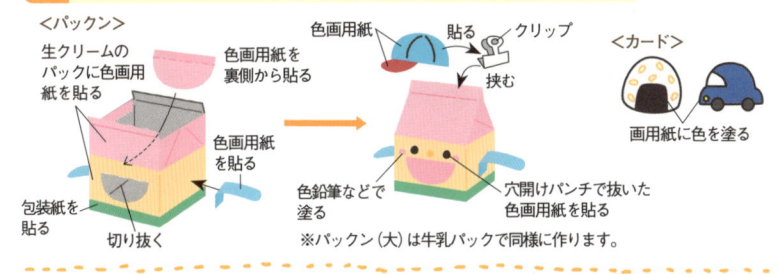

<パックン>
- 生クリームのパックに色画用紙を貼る
- 色画用紙を裏側から貼る
- 色画用紙を貼る
- 包装紙を貼る
- 切り抜く
- 色画用紙
- 貼る
- クリップ
- 挟む
- 色鉛筆などで塗る
- 穴開けパンチで抜いた色画用紙を貼る

<カード>
画用紙に色を塗る

※パックン（大）は牛乳パックで同様に作ります。

P.86 春のうきうきお散歩 型紙 P123

材料 カラー手袋、フェルト

<右手の甲> <左手の甲>
カラー手袋にフェルトのパーツを貼る

↓ フェルト　フェルト

<右の手のひら> <左の手のひら>

P.89 うさぎさんの大好きなもの！

材料 カラー手袋、フェルト、カラーゴム、リボン、綿

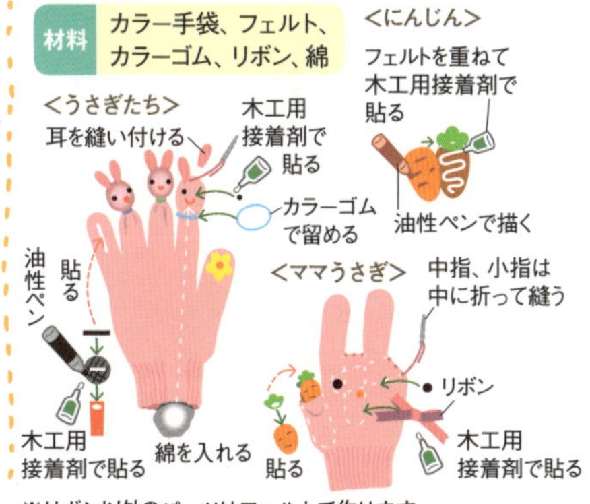

<にんじん>
フェルトを重ねて木工用接着剤で貼る
油性ペンで描く

<うさぎたち>
- 耳を縫い付ける
- 木工用接着剤で貼る
- カラーゴムで留める
- 油性ペン
- 貼る
- 木工用接着剤で貼る
- 綿を入れる

<ママうさぎ>
- 中指、小指は中に折って縫う
- リボン
- 貼る
- 木工用接着剤で貼る

※リボン以外のパーツはフェルトで作ります。

P.92 歯みがきシュッシュカ

材料 手袋、フェルト　型紙 P124

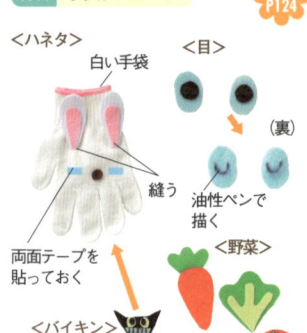

<ハネタ>
- 白い手袋
- 縫う
- 両面テープを貼っておく

<目>
- (裏)
- 油性ペンで描く

<野菜>

<バイキン>
- 両面テープで手のひら側に貼る

※パーツは全てフェルトで作ります。

P.96 お星様のお友達出ておいで

材料 うちわ、折り紙、色画用紙　型紙 P125

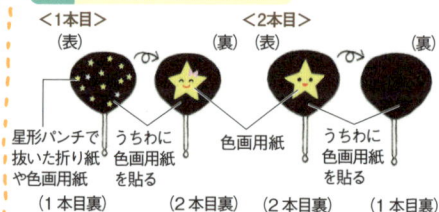

<1本目>（表）（裏）　<2本目>（表）（裏）
- 星形パンチで抜いた折り紙や色画用紙
- うちわに色画用紙を貼る
- 色画用紙
- うちわに色画用紙を貼る

（1本目裏）（2本目裏）
- セロハンテープで貼る
- 色画用紙をじゃばらに折る
- のりで貼る
- じゃばら3折り分は、畳まずに伸ばしたまま重ねる
- 折り紙や色画用紙
- 1本目裏と2本目裏を合わせて重ねる

<星形の紙吹雪>
色画用紙や折り紙を星形パンチで抜いたり、切ったりして作る

P.99 おしくらまんじゅう ぎゅっ ぎゅっ ぎゅっ

材料 靴下、綿、フェルト、段ボール板、画用紙、片段ボール　型紙 P126

<うさぎ>
- 綿を詰める
- 両面テープでフェルトを貼る

※きつねも同様に作ります。

裏側の構造
- 段ボール板を小判形に切り、真ん中を折る
- 指が通せるよう、画用紙を少したるませて貼る
- 表に返す
- 粘着性の強い両面テープで、裏返した靴下のつま先部分に貼る

<葉っぱのお皿>
- 片段ボール
- 折り筋をつける

<まんじゅう>
- 白い靴下を丸める
- 葉っぱのお皿に貼る

P.102 さるくんのバナナ

材料 カラー手袋、フェルト、綿ロープ、うちわ、色画用紙、はぎれ、カラー工作用紙、割りピン　型紙 P127

<ハンカチ>
はぎれを正方形に切る

<帽子>
- フェルト2枚を合わせてかがる
- フェルトを貼る
- 下は縫わない

<ウッキー>
- フェルト2枚を合わせてかがる
- 耳のフェルトを挟む
- フェルト
- 貼る
- 刺しゅう
- 結ぶ
- 綿ロープを裏に貼る
- 下は縫わずカラー手袋にかぶせる

カラー手袋
- フェルトをポケット状に縫い付ける

<木>
- うちわ
- カラー工作用紙を貼る
- 色画用紙をちぎって貼る
- 物が挟めるよう、隙間を空けておく

<バナナ>
- カラー工作用紙で5枚作る
- 穴を開ける
- 割りピンで留める

型紙

型紙P000 のマークが付いているシアターの型紙コーナーです。

P.6 お誕生日おめでとう

ピンクの影

うさぎ

ちゃいろい影

くま

あかい影

お誕生ケーキ

このメッセージが見えるまで開くときれいにコピーすることができます。

※400％に拡大コピーし、さらに180％拡大すると、実物大になります。

P.9 コケコッコママからのおめでとう!

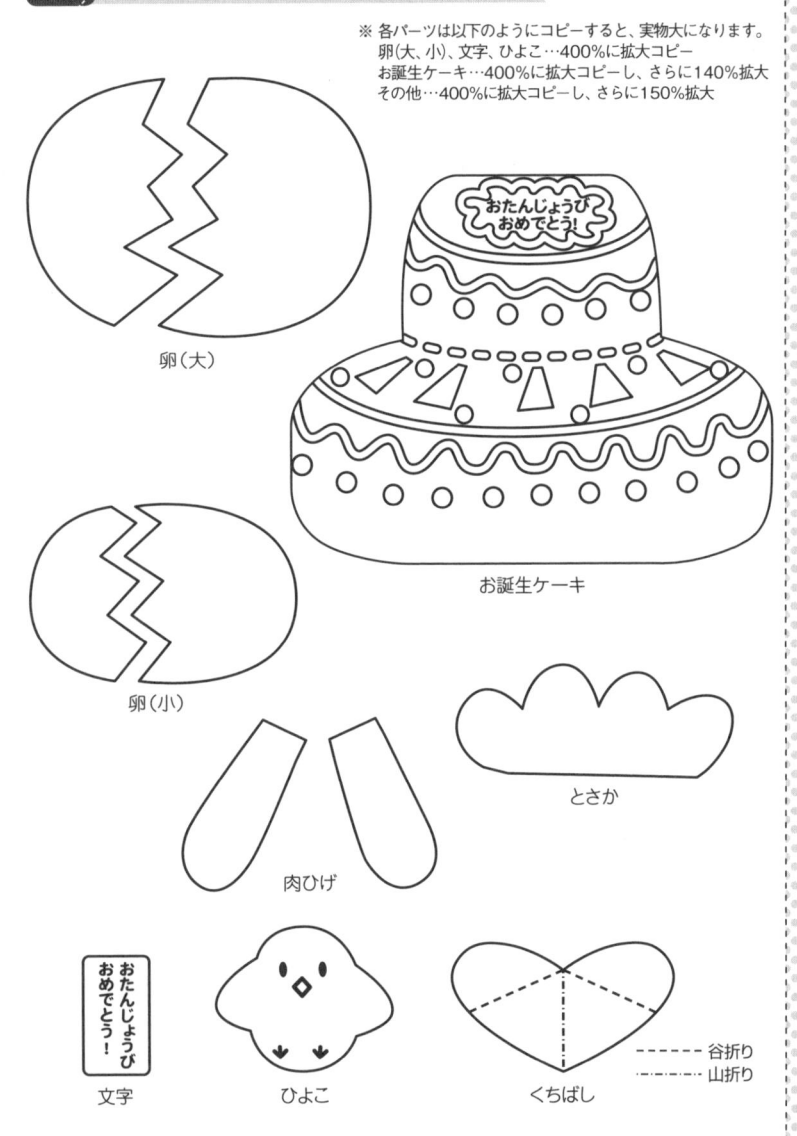

※ 各パーツは以下のようにコピーすると、実物大になります。
卵(大、小)、文字、ひよこ…400%に拡大コピー
お誕生ケーキ…400%に拡大コピーし、さらに140%拡大
その他…400%に拡大コピーし、さらに150%拡大

卵(大)

おたんじょうび
おめでとう!

お誕生ケーキ

卵(小)

とさか

肉ひげ

おたんじょうび
おめでとう!

文字　　ひよこ　　くちばし

------ 谷折り
-・-・-・- 山折り

このメッセージが見えるまで開くときれいにコピーすることができます。

型紙

P.12 やぎさんのお誕生会

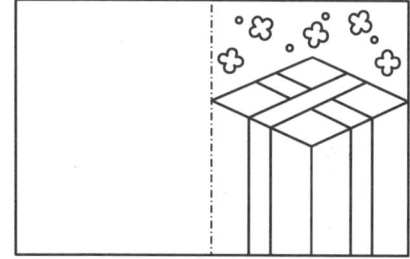

このメッセージが見えるまで開くときれいにコピーすることができます。

カード（表面）

おたんじょうび　おめでとう！

のりしろ　のりしろ

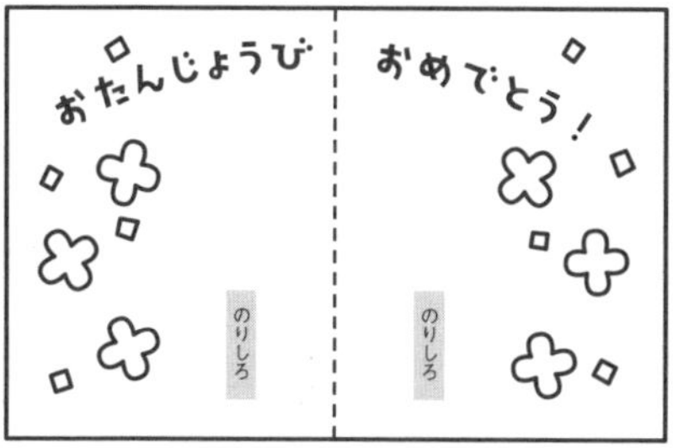

カード（中面）

------ 谷折り
-・-・- 山折り

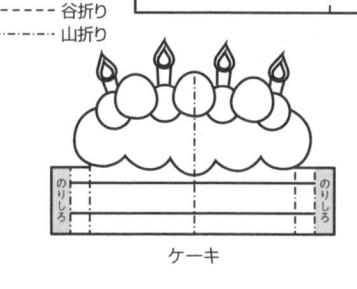

のりしろ　のりしろ

ケーキ

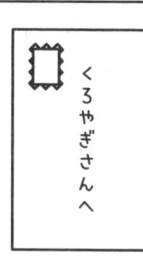

くろやぎさんへ　しろやぎさんへ

手紙

（白やぎ）
右角　左角
右耳　左耳
右目　●　● 左目
○ 鼻

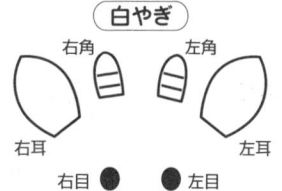

（黒やぎ）
右角　左角
右耳　左耳
右目　●　● 左目
○ 鼻

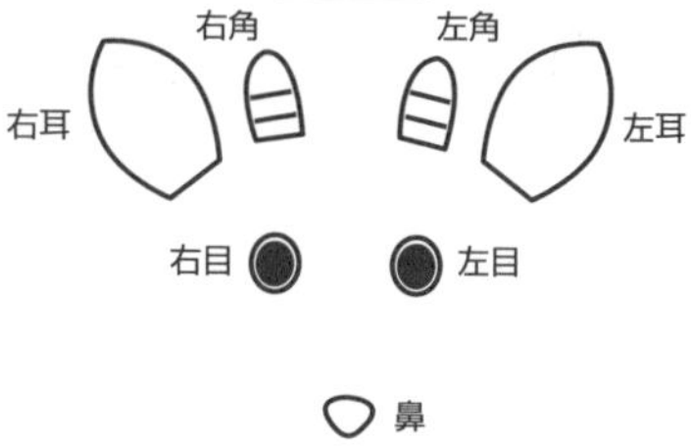

※400%に拡大コピーすると、実物大になります。

P.28 だ〜れだ？

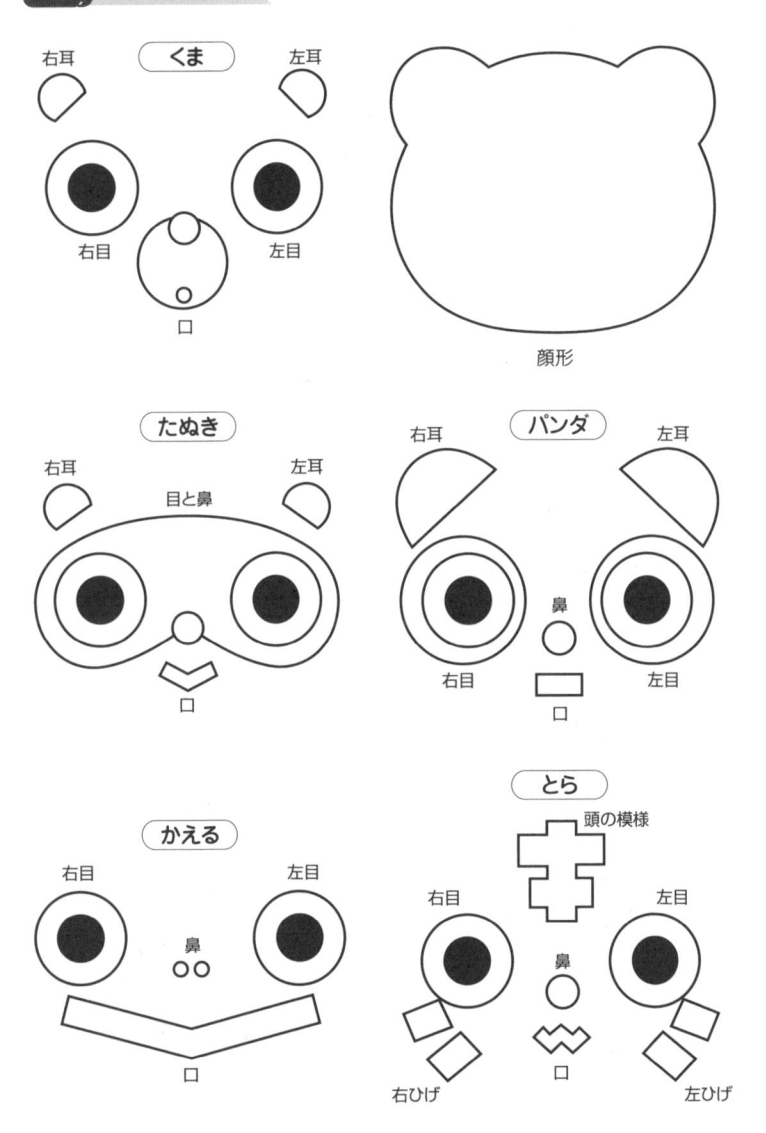

くま
- 右耳
- 左耳
- 右目
- 左目
- 口
- 顔形

たぬき
- 右耳
- 左耳
- 目と鼻
- 口

パンダ
- 右耳
- 左耳
- 右目
- 左目
- 鼻
- 口

かえる
- 右目
- 左目
- 鼻
- 口

とら
- 頭の模様
- 右目
- 左目
- 鼻
- 口
- 右ひげ
- 左ひげ

※400％に拡大コピーし、さらに120％拡大すると、実物大になります。

このメッセージが見えるまで開くときれいにコピーすることができます。

型紙

P.38 誰かな、誰かな？

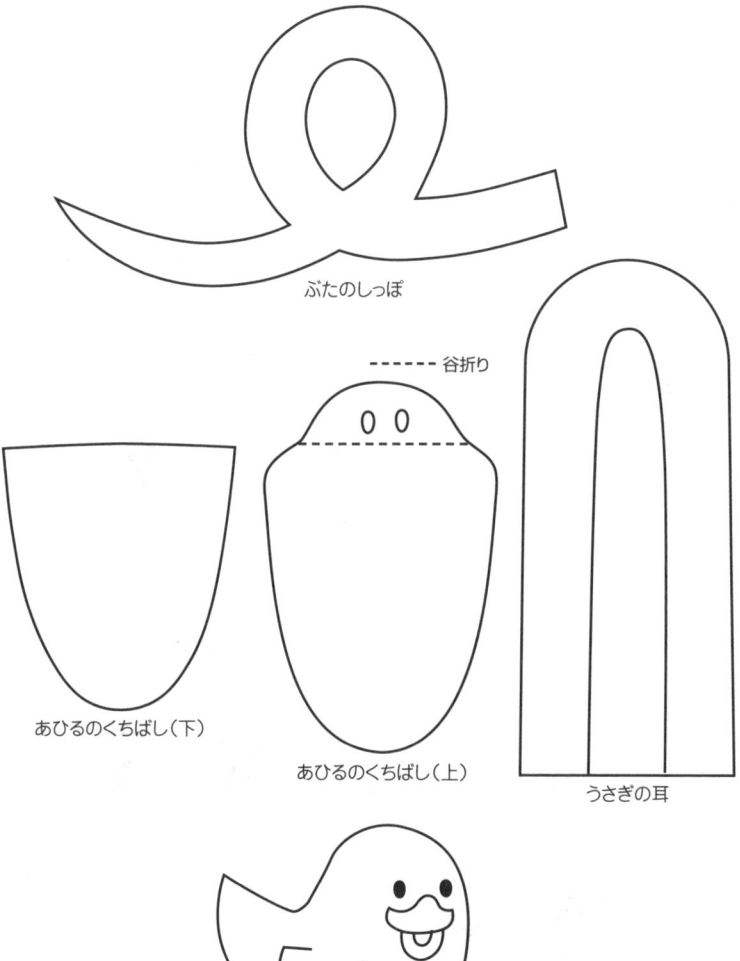

ぶたのしっぽ

------ 谷折り

あひるのくちばし（下）

あひるのくちばし（上）

うさぎの耳

※反対向きの
あひるの子どもは、
反転コピーを
してください。

あひるの子ども

※300%に拡大コピーすると、実物大になります。

このメッセージが見えるまで開くときれいにコピーすることができます。

P.44 たぬきちゃんの変身ペッポコポン!

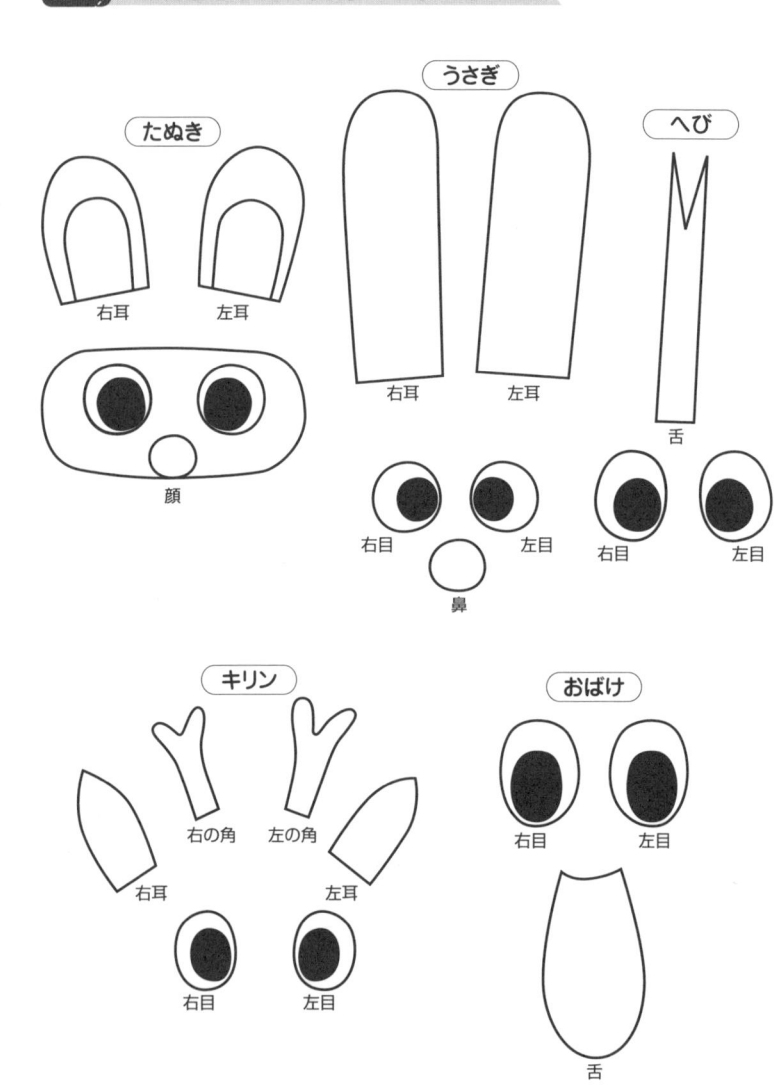

たぬき
右耳 左耳
顔

うさぎ
右耳 左耳
右目 左目
鼻

へび
舌
右目 左目

キリン
右の角 左の角
右耳 左耳
右目 左目

おばけ
右目 左目
舌

※250%に拡大コピーすると、実物大になります。

このメッセージが見えるまで開くときれいにコピーすることができます。

型紙

P.54 ♪ふしぎなポケット

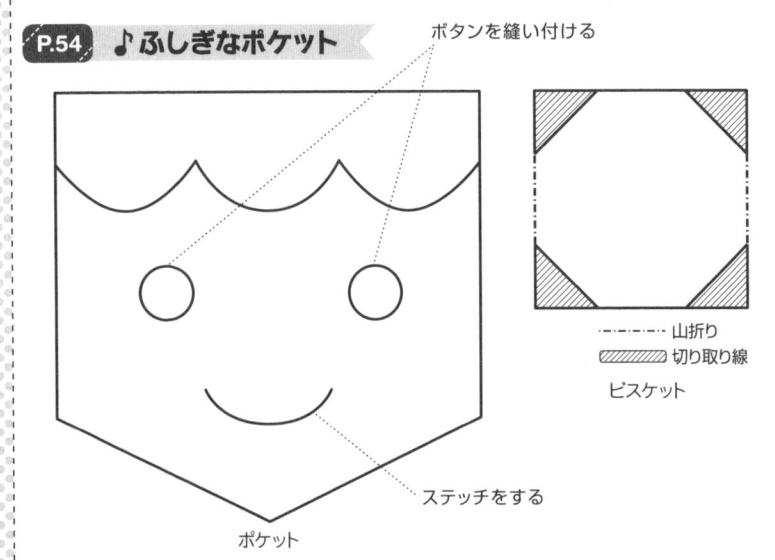

ボタンを縫い付ける

ステッチをする

ポケット

-・-・-・- 山折り
▨▨▨ 切り取り線

ビスケット

※400%に拡大コピーすると、実物大になります。

このメッセージが見えるまで開くときれいにコピーすることができます。

P.57 ♪こぶたぬきつねこ

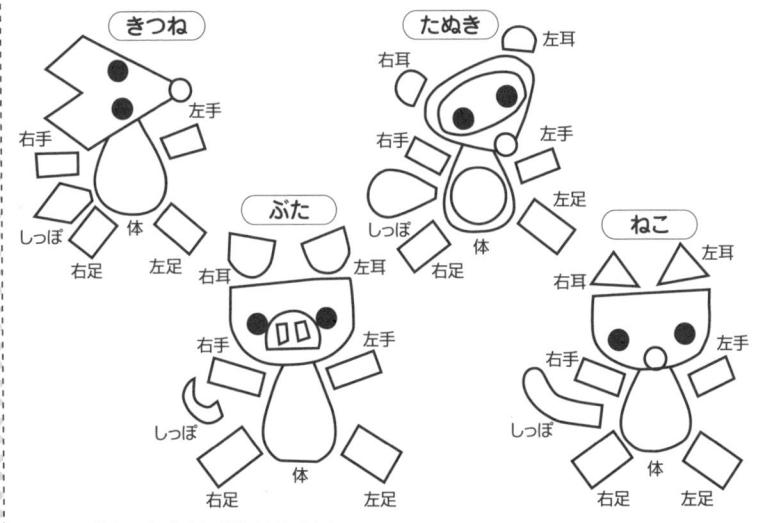

きつね — 左手／右手／しっぽ／右足／左足／体

たぬき — 左耳／右耳／右手／左手／しっぽ／右足／左足／体

ぶた — 右耳／左耳／右手／左手／しっぽ／右足／左足／体

ねこ — 右耳／左耳／右手／左手／しっぽ／右足／左足／体

※200%に拡大コピーすると、実物大になります。

P.60 ♪あがりめ さがりめ

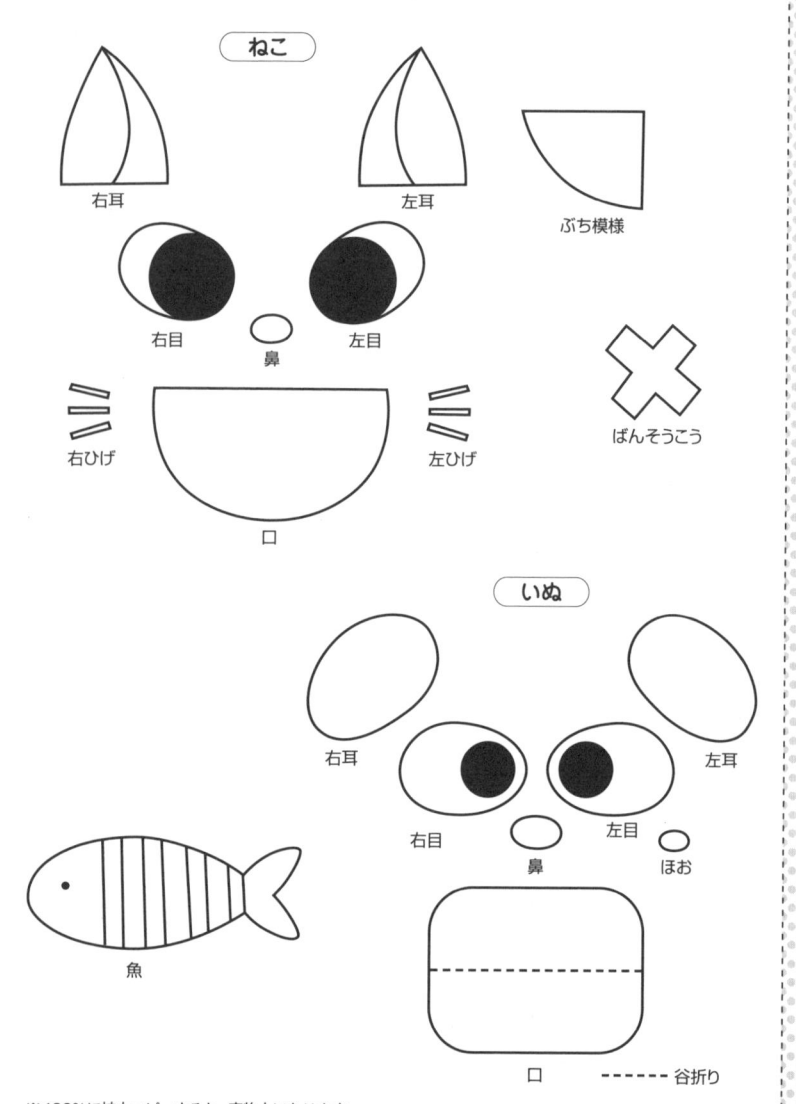

ねこ
右耳　左耳　ぶち模様
右目　鼻　左目
右ひげ　左ひげ　ばんそうこう
口

いぬ
右耳　左耳
右目　左目
鼻　ほお
魚
口　------ 谷折り

※400%に拡大コピーすると、実物大になります。

このメッセージが見えるまで開くときれいにコピーすることができます。

型紙

P.63 ♪ぞうさんのぼうし

▰▰▰▰ 切り抜く

ぞう

こねこの目

※こねこの目は表情を
いろいろ変えて、
バリエーションを
楽しみましょう。

※各パーツは以下のようにコピーすると、実物大になります。
　こねこの目…400%に拡大コピー。
　ぞう…400%に拡大コピーし、さらに180%拡大。

P.69 フライパンでなにができるかな？

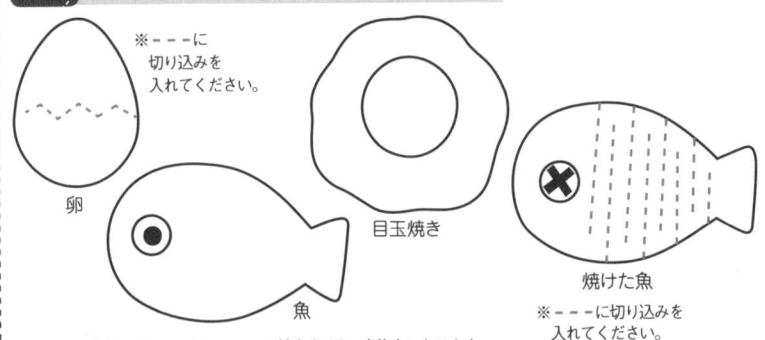

※- - -に
切り込みを
入れてください。

卵

魚

目玉焼き

焼けた魚

※- - -に切り込みを
入れてください。

※400%に拡大コピーし、さらに150%拡大すると、実物大になります。

P.78 オムレツ作ろうよ！

卵の黄身

皿

フライパン

※400%に拡大コピーし、さらに180%拡大すると、実物大になります。

このメッセージが見えるまで開くときれいにコピーすることができます。

P.82 パクパクパックン

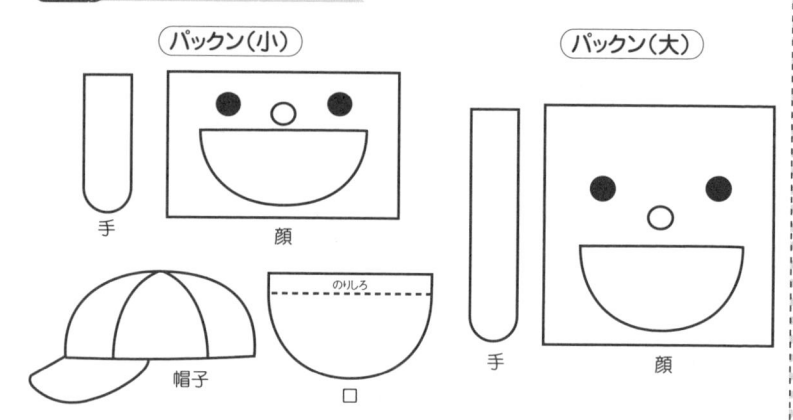

パックン(小)

手　顔

パックン(大)

手　顔

帽子　　のりしろ　口

※口、帽子は、パックン(小)とパックン(大)共通です。

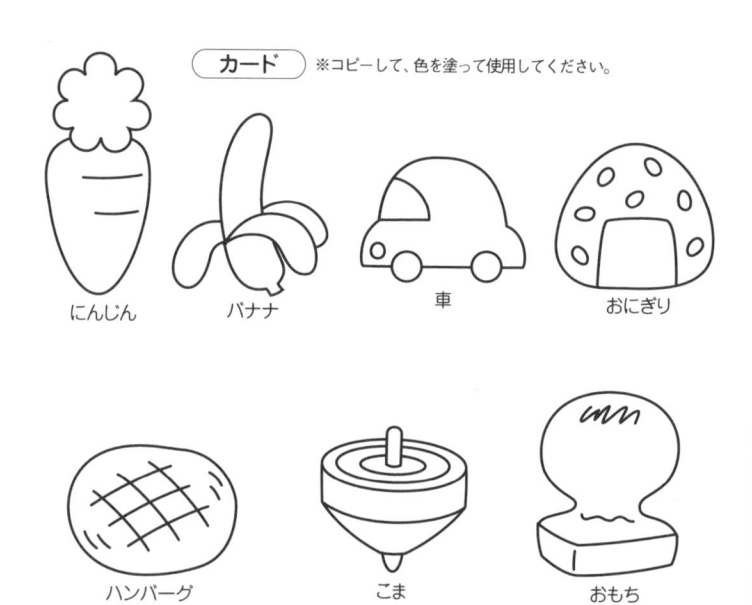

カード ※コピーして、色を塗って使用してください。

にんじん　バナナ　車　おにぎり

ハンバーグ　こま　おもち

※225%に拡大コピーすると、実物大になります。

このメッセージが見えるまで開くときれいにコピーすることができます。

型紙

P.86 春のうきうきお散歩

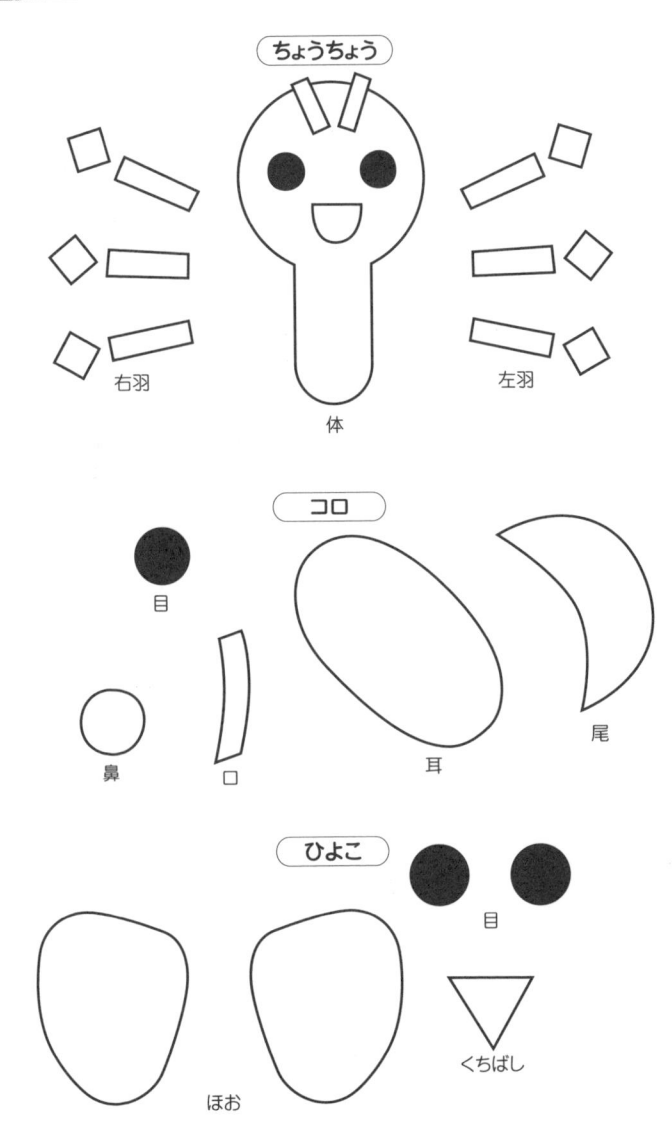

ちょうちょう

右羽　体　左羽

コロ

目　鼻　口　耳　尾

ひよこ

目　ほお　くちばし

このメッセージが見えるまで開くときれいにコピーすることができます。

※原寸で使用してください。

P.92 歯みがきシュッシュカ

(ハネタ)

バイキン

右耳　左耳

右目　左目

鼻

野菜①　野菜②　野菜③

※原寸で使用してください。

このメッセージが見えるまで開くときれいにコピーすることができます。

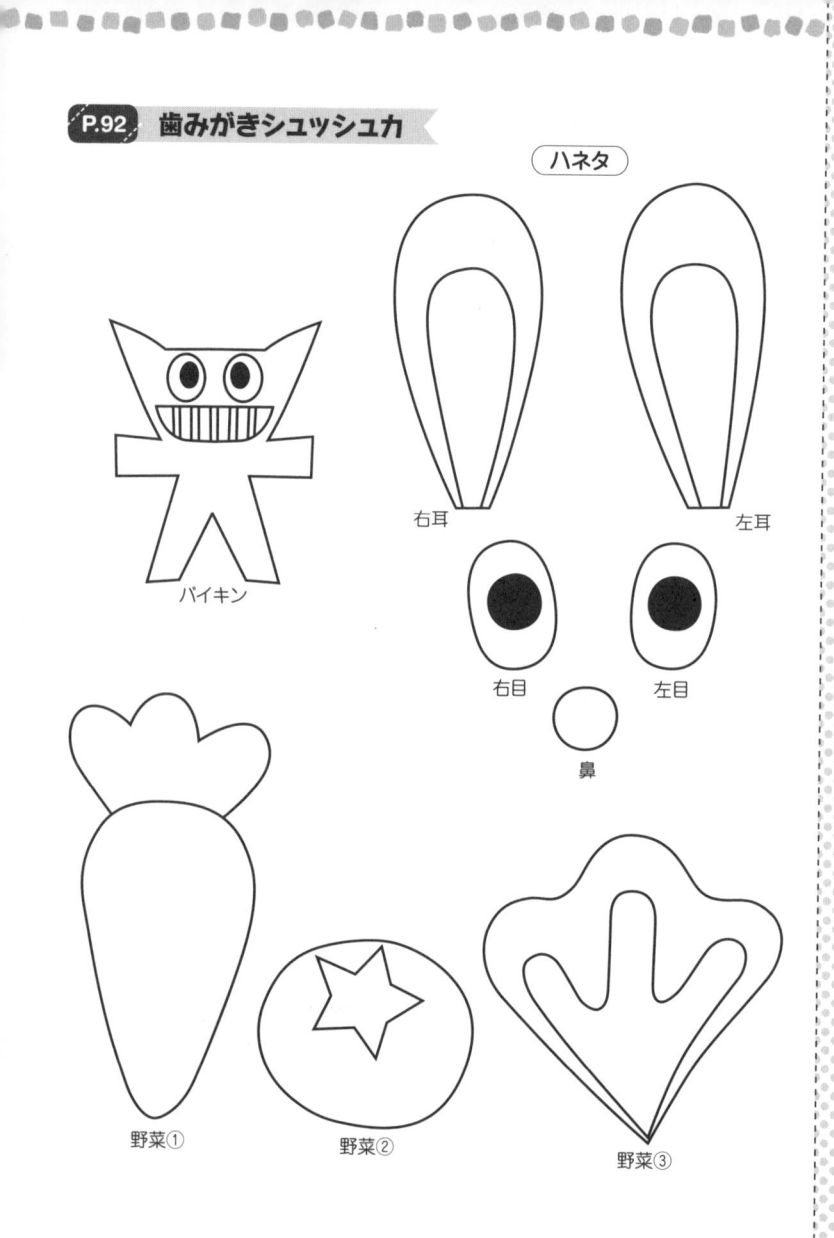

型紙

P.96 お星様のお友達出ておいで

星①

星形の紙吹雪①

星形の紙吹雪②

星②

このメッセージが見えるまで開くときれいにコピーすることができます。

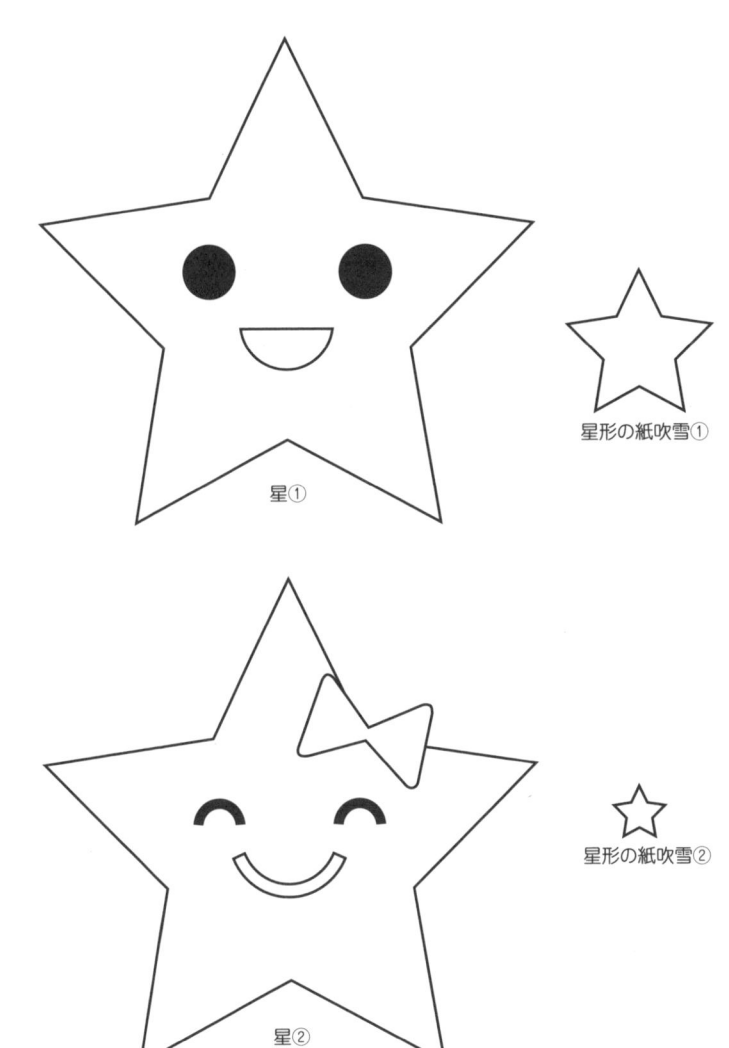

※250%に拡大コピーすると、実物大になります。

P.99　おしくらまんじゅう ぎゅっ ぎゅっ ぎゅっ

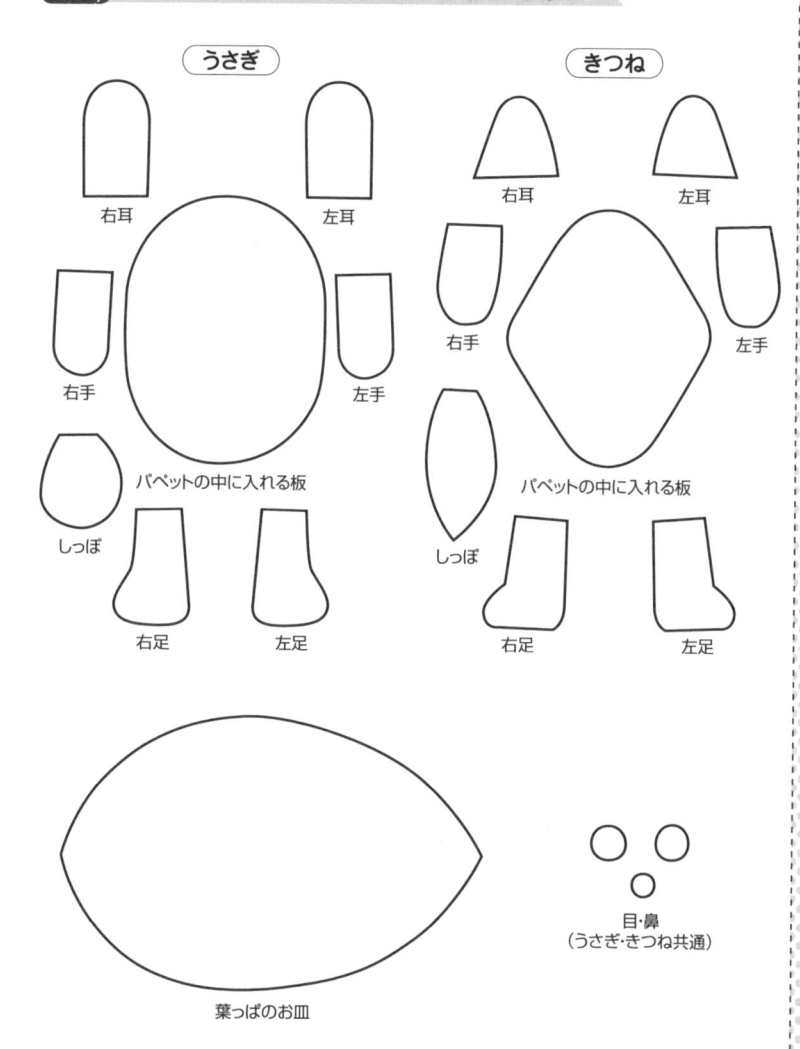

（うさぎ）

右耳　左耳
右手　左手
パペットの中に入れる板
しっぽ
右足　左足

（きつね）

右耳　左耳
右手　左手
パペットの中に入れる板
しっぽ
右足　左足

葉っぱのお皿

目・鼻
（うさぎ・きつね共通）

このメッセージが見えるまで開くときれいにコピーすることができます。

※300%に拡大コピーすると、実物大になります。

P.102 **さるくんのバナナ**

(ウッキー)

右耳　左耳

頭　※2枚裁ちます。

※2枚裁ちます。　帽子

ポケット

バナナ

※バナナは、同じ型で5つ作り、●の所に穴を開けて、割りピンを通してください。

(木)

葉

※葉は、色画用紙を手でちぎって作ってください。

ハンカチ

幹

このメッセージが見えるまで開くときれいにコピーすることができます。

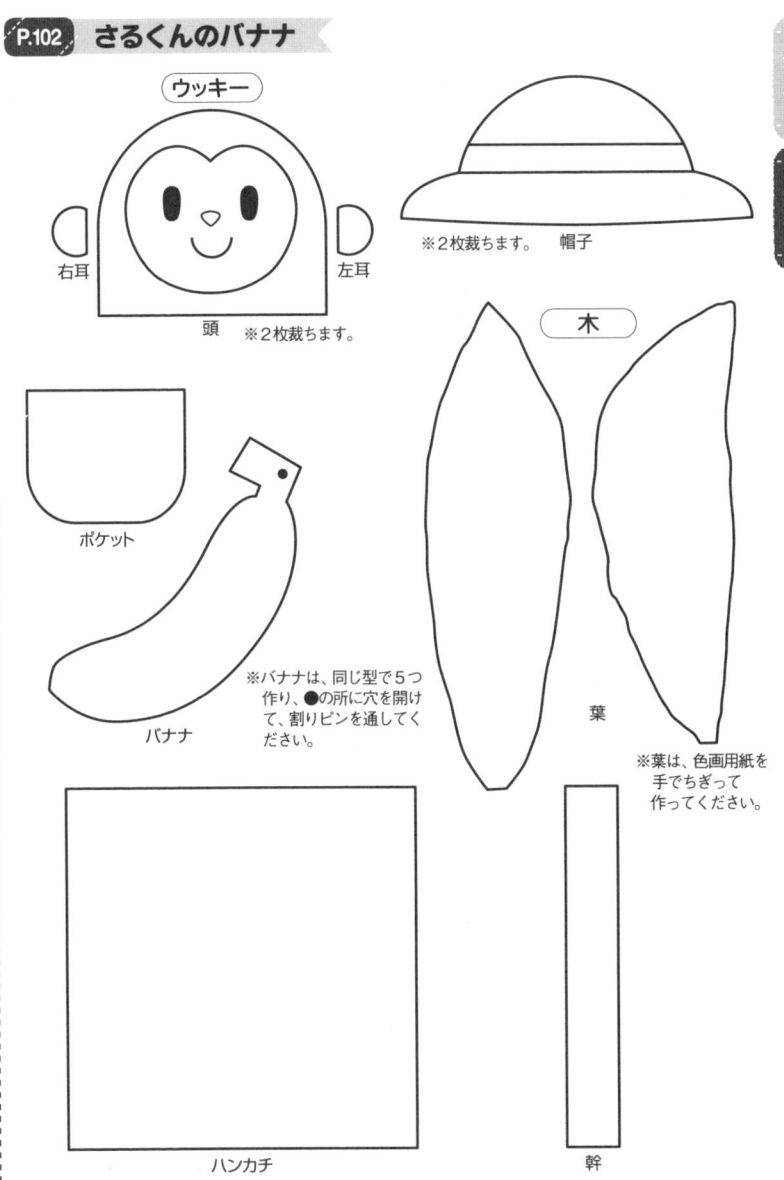

※各パーツは以下のようにコピーすると、実物大になります。
　幹…200%に拡大コピーし、さらに300%拡大。
　その他…200%に拡大コピー。

● 案・指導（50音順に掲載）
浅野ななみ、阿部　恵、いしかわ☆まりこ、石倉ヒロユキ、礒みゆき、岩立直子、大友　剛、
しばはら・ち、島田明美、菅原英基、頭金多絵、ヒダオサム、冬野いちご、山本省三

● 製作
いしかわ☆まりこ、石倉ヒロユキ、礒みゆき、いとう・なつこ、Office Amiami、
加藤直美、島田明美、つかさみほ、ヒダオサム、冬野いちご、まーぶる、山本省三

● 撮影
林　均、正木達郎

● モデル・実演
安生めぐみ、池田裕子、井上貴恵、遠藤　都、大友　剛、加来真祐子、木下彩香、熊谷夕子、
河野めぐみ、城品萌音、鈴木貴子、立花　緑、堤なぎさ、德岡　茜、新井田真澄、沼倉紅音、
前濱　瞳、柳澤伶弥、山口智美、吉江　瞳、株式会社ジョビィキッズプロダクション

● 本文イラスト
Office Amiami、冬野いちご、吉村亜希子

● 作り方イラスト
宇田川幸子、Office Amiami、河合美穂、シダエリ、内藤和美、みつき

表紙イラスト ● nachicco*
表紙・大扉デザイン ● 檜山由美
本文デザイン ● 島村千代子
楽譜浄書 ● 株式会社クラフトーン
本文校正 ● 有限会社くすのき舎

楽譜校正 ● 白日　歩
型紙トレース ● プレーンワークス
編集協力 ● 株式会社スリーシーズン
編集 ● 石山哲郎、田島美穂

ポットブックス 楽しさいっぱい！
かんたんプチシアター

2015年2月　初版第1刷発行
2017年2月　　　第3刷発行

編　者／ポット編集部　Ⓒ CHILD HONSHA CO.,LTD. 2015
発行人／浅香俊二
発行所／株式会社チャイルド本社
　　　　〒112-8512　東京都文京区小石川5-24-21
電　話／03-3813-2141（営業）　03-3813-9445（編集）
振　替／00100-4-38410
印刷・製本／図書印刷株式会社
ISBN／978-4-8054-0233-7
　　　NDC376 19×13cm 128P　Printed in Japan
　　　日本音楽著作権協会(出)許諾第1416584-603号

＊本書の型紙は、園や学校、図書館等にて子どもたちにシアターを演じる方が、個人または園用に製作してお使いいただくことを目的としています。本書を使用して製作されたものを第三者に販売することはできません。また、型紙以外のページをコピーして配布・販売することは、著作権者および出版社の権利の侵害となりますので、固くお断りいたします。

乱丁・落丁本はお取り替えいたします。

本書の型紙以外の内容の一部あるいは全部を無断で複写複製することは、法律で認められた場合を除き、著作権者及び出版社の権利の侵害となりますので、その場合は予め小社宛て許諾を求めてください。

チャイルド本社ホームページアドレス ● http://www.childbook.co.jp/
チャイルドブックや保育図書の情報が盛りだくさん。どうぞご利用ください。